Eva Danner

Musikalisch durch das Krippenjahr

24 Lieder, Tänze und Bewegungsspiele für alle Jahreszeiten

Impressum

Musikalisch durch das Krippenjahr
24 Lieder, Tänze und Bewegungsspiele
für alle Jahreszeiten

Autorin
Eva Danner

Lektorat
Urte Schroeder, Katharina Koch

Fotos
Barbara Dietl

Gestaltung
Sebastian Vollmar

Druck
AZ Druck und Datentechnik GmbH, Kempten
Gedruckt auf chlorfrei gebleichtem Papier

Verlag
Bananenblau – Der Praxisverlag für Pädagogen
E-Mail: info@bananenblau.de
www.bananenblau.de

pinterest.de/bananenblauverlag
facebook.com/bananenblauverlag
instagram.com/bananenblauverlag

ISBN 978-3-946829-91-1

Die Fotos wurden in der Klax Krippe Sonnenhaus in Berlin aufgenommen.

Inhalt

Einleitung

Musik, die Kunst Töne zu erzeugen, kommt auf der ganzen Welt und in nahezu allen Kulturen vor. Musik verbindet, drückt Stimmungen und Emotionen aus und Babys reagieren bereits im Mutterleib darauf. In Studien wurde herausgefunden, dass sich Musik positiv auf die Gehirnentwicklung und die spätere Sprachentwicklung der Kinder auswirken kann. Musik ist in unserer Gesellschaft nicht mehr wegzudenken und für jede Stimmung findet sich das Passende, was Stile, Klänge und Rhythmen betrifft.

Sie kennen das sicher: Sobald Musik erklingt, fangen Kinder an, sich zu bewegen. Sie lachen und ihre Augen leuchten vor Begeisterung, ein Ausdruck purer Lebensfreude. Ohne darüber nachzudenken wird gehüpft, geklatscht oder getanzt, ganz intuitiv. Ein erstes Gefühl für Rhythmus und Melodie entsteht, und das bereits bei den Allerkleinsten. Musik fördert weiterhin viele Bereiche der kindlichen Entwicklung wie Sprache, Motorik, Kreativität und Fantasie. Auch die kognitiven und emotionalen Fähigkeiten werden geschult und die auditive Wahrnehmung wird durch Lautstärke, Tonwechsel, Tonlage und Tempo angeregt. Und natürlich macht Musik vor allem eines: Spaß! Singen und Musizieren verbindet und ein Gemeinschaftsgefühl entsteht.

Da liegt es nahe, Musik als einen wichtigen Bestandteil in den pädagogischen Alltag zu integrieren und ihm einen hohen Stellenwert einzuräumen: dies können Sie durch gezielte **Angebote**, die wir Ihnen in diesem Buch vorstellen, aber auch durch ein adäquates **Freispiel**, das Sie Ihren Jüngsten keinesfalls vorenthalten sollten. Hier eignen sich Spiele mit einem hohen Aufforderungscharakter, die Sie ganz leicht selbst herstellen können und die beim Spielen Klänge und Geräusche erzeugen (zum Beispiel Geräuschedosen, also Dosen oder Flaschen, die mit verschiedenen Materialien gefüllt werden). Beim Schütteln und / oder Einfüllen der Materialien erklingen die unterschiedlichsten Töne und Geräusche. Egal ob dabei Holzdübel in eine Blechdose fallen, große Murmeln in einer Metalldose kullern oder Reiskörner in einer Flasche klappern, die Möglichkeiten sind vielseitig. Seien Sie kreativ und probieren Sie aus, womit sich Ihre Jüngsten gerne beschäftigen. Achten Sie hierbei auf eine breite Auswahl an Materialien wie Holz, Blech- oder andere Metalldosen, Naturmaterialien, große Murmeln, Korken oder Flaschendeckel. Solche Spiele regen die Eigeninitiative der Kinder an und machen viel Freude. Achten Sie darauf, verschluckbare Kleinteile nur unter Aufsicht anzubieten bzw. diese in den Flaschen sicher zu verschließen (Heißkleber)!

Musik sollte ein täglicher Bestandteil sein, der die Kinder immer begleitet. Zum Beispiel in Form von Ritualen bei Übergängen: kurze Lieder beim Wickeln, rhythmische Verse beim Händewaschen oder anderen Gelegenheiten. Die Kombination von beidem, den angeleiteten Impulsen und dem freien Spiel, ermöglicht den Kindern vielfältige musikalische Erfahrungen und akustische Erlebnisse während des Tages.

Bieten Sie den Kindern Instrumente an, die nach Herzenslust ausprobiert werden dürfen. Hier eignen sich Schellenkränze, Schellenkränze und -ringe, Klanghölzer, Triangeln, Rasseln aller Art, Trommeln, Tamburine, Block- und Röhrentrommeln, Ratschen, Kastagnetten, Glockenspiele und Ähnliches.

Demonstrieren Sie deren Handhabung und bewahren Sie diese (z. B. in einem Korb) an einer für die Kinder gut sichtbaren und erreichbaren Stelle auf, damit die Kleinen sich jederzeit damit beschäftigen können. Auch Alltagsgegenstände wie Töpfe, Pfannen, Schüsseln und diverse Küchenutensilien wie Kochlöffel, Pfannenwender und Schneebesen, eignen sich zum experimentellen Musizieren und Klänge erzeugen.

Es lassen sich auch mit dem eigenen Körper Geräusche und Klänge machen, Body Percussion genannt. Darunter versteht man die Möglichkeit, den eigenen Körper so einzusetzen, dass er mit Armen, Füßen und Mund Klänge erzeugen kann. Hier ist der eigene Körper quasi das Musikinstrument, indem man klatscht, stampft, patscht, schnippt, schnalzt oder klopft. In ganz einfach eingesetzter Weise können schon Krippenkinder ihren Körper rhythmisch zum Einsatz und zum Klingen bringen und dabei tolle Erfahrungen sammeln.

Musik ist nicht nur Singen, Musizieren und Geräusche erzeugen. Musik bedeutet auch Bewegung, denn nahezu kein Kind bleibt still sitzen, wenn Musik erklingt. Der ganze Körper kommt zum Einsatz: Tanzen, Hüpfen, Klatschen, Stampfen – all dies fördert Motorik, Ausdauer und Koordination der Kleinen auf spielerische Art und Weise.

Die in diesem Buch vorgestellten Ideen sollen Freude und Spaß an Musik vermitteln. Die Teilnahme sollte immer auf **Freiwilligkeit** beruhen, die kindliche **Neugier** wecken und zum aktiven **Mitmachen** anregen. Für jede Jahreszeit gibt es verschiedene Angebote, die einzeln zum Einsatz kommen oder, wenn gewünscht, auch miteinander kombiniert werden können. Alle Angebote sind für Kinder ab 2 bzw. 3 Jahren konzipiert und machen auch älteren Kindern noch Spaß.

Musikalische Geschichten

Diese Klanggeschichten werden in einer Art Kulisse gespielt, damit die Kinder sie nicht nur hören, sondern auch sehen können. Eine solche visuelle Unterstützung ist gerade bei Krippenkindern wichtig, denn es lässt sie noch intensiver am Geschehen teilhaben. Bei allen Geschichten ist deshalb eine Materialauflistung beigefügt, mit der Sie die Erzählung bildhaft darstellen können. Hierzu zählen Tücher, Naturmaterialien, einfach herzustellende Papierfiguren, Kuscheltiere und Ähnliches.

Damit aus einer Geschichte jedoch eine Klanggeschichte wird, benötigt sie zusätzlich Instrumente und / oder andere Utensilien zum Geräusche und Klänge erzeugen. Auch hier ist bei jeder Geschichte immer eine detaillierte Auflistung zu finden, was benötigt wird. Während Sie die Geschichte erzählen und spielen, kommen die jeweiligen Instrumente zum Einsatz. Auf diese Weise können die Kinder das Visuelle mit dem Akustischen verknüpfen und eine Verbindung von den wahrgenommenen Klängen mit dem Gesehenen und Gehörten herstellen. Bauen Sie im Vorfeld Ihre Kulisse auf. Beim Erzählen sitzen die Kinder auf dem Boden davor. Die Nummerierung der Instrumente gibt die Reihenfolge an und passt zur Nummerierung des Texts, damit Sie wissen, wann welches Instrument an der Reihe ist.

Lieder

Die in diesem Buch vorgestellten Lieder werden nach traditionellen Melodien gesungen, die mit neuen, modernen Texten versehen sind, immer passend zur jeweiligen Thematik. Manchmal kommen zusätzlich Instrumente oder Body Percussion zum Einsatz, andere Lieder werden mit Bewegungen spielerisch begleitet.

Musikalische Bewegungsimpulse

Abwechslungsreiche Stationen laden zum Mitmachen, Ausprobieren und sich Bewegen ein. Jeder Bewegungsimpuls ist mit Klängen oder Geräuschen verknüpft und die Kinder schulen dabei ihre Motorik, Ausdauer und Muskulatur. Ich habe darauf geachtet, dass ein relativ kleines Materialangebot ausreichend ist, um vielfältige Bewegungsanreize zu schaffen; immer wieder neu kombiniert oder arrangiert. Auf diese Weise können die Kleinen rennen, hüpfen, balancieren, klettern, rutschen und vieles mehr. Und natürlich Geräuschen und Klängen lauschen oder diese selbst erzeugen.

Fingerspiele & Co

Fingerspiele, Reime, rhythmische Verse und Rituale, gesungen oder gesprochen, fördern das Rhythmusgefühl der Kinder, verbessern die Koordination und die Sprachentwicklung, schulen die Mundmotorik und machen natürlich viel Spaß. Manchmal kommen zusätzlich Instrumente zum Einsatz oder der eigene Körper unterstützt und begleitet das Gesprochene musikalisch oder in Form von Bewegungen.

Massagegeschichten

Kombiniert mit Musik, können die Kinder bei kurzen Massagegeschichten wunderbar zur Ruhe kommen und entspannen. Ihr Körperempfinden wird angeregt, eine kleine Auszeit im turbulenten Krippenalltag und taktile Erfahrungen ermöglicht. Und bestimmt genießen es die Kleinen auch sehr, intensiv Zeit mit Ihnen zu verbringen.

Tänze

Einfache Tänze im Kreis, als Paar oder in der freien Bewegung regen die Kinder zum Tanzen an. Da kann gesungen, gehüpft, gewackelt, gestampft und geklatscht werden. Die Kinder halten sich an den Händen oder bewegen sich frei im Raum, während gesungen und musiziert wird.

Für viele Inhalte gibt es **Varianten**, die noch mehr Abwechslung bieten.

Hin und wieder werden **Vertiefungen** angeboten, die dazu anregen sich noch intensiver mit der jeweiligen Thematik auseinanderzusetzen und zusätzliche Praxisideen liefern.

Kurz und auf den Punkt gebracht, erfahren Sie unter der Rubrik **Fachwissen**, bei manchen Angeboten wichtige Inhalte, Hintergrundwissen und Informationen zu der jeweiligen Thematik.

Und nun wünschen wir Ihnen viel Freude beim Singen, Tanzen, Musizieren und sich Bewegen mit den Kindern und beim Sammeln von vielfältigen musikalischen Erfahrungen und Erlebnissen.

Ihre Eva Danner

September 2023

Frühling

LIED ab 2 Jahren

Das Lied vom Wetter

MELODIE traditionell, »Die Affen rasen durch den Wald«
TEXT Eva Danner

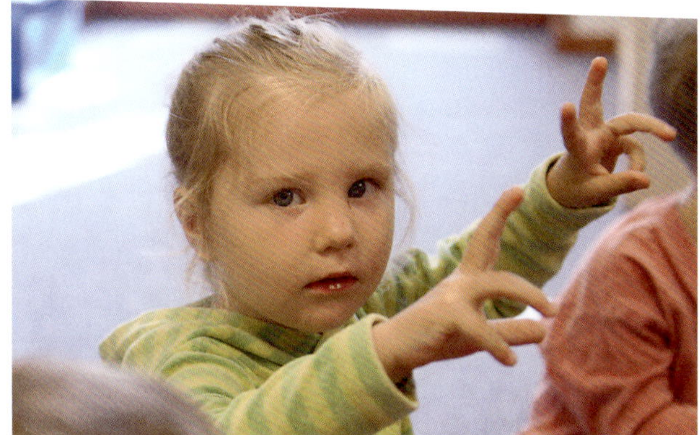

Das Lied kann im Morgen- oder Singkreis gesungen werden. Achten Sie darauf, dass sich alle gut sehen können. Blickkontakt ist wichtig, damit die Kinder die Bewegungen nachahmen können.

Material

Da die Geräusche mit dem eigenen Körper erzeugt werden, sind keine zusätzlichen Instrumente oder Materialien erforderlich.

Durchführung

Die Kinder sitzen oder stehen im Kreis.

Das lernen die Kinder

- den eigenen Körper so einzusetzen, dass er Geräusche erzeugt
- Freude am Singen
- Förderung der Sprachentwicklung
- Wissenswertes über die Vielfältigkeit des Wetters

1. *Spitz mal dein Ohr, mein liebes Kind.*
   Dann hörst du draußen jetzt den Wind.
   Spitz mal dein Ohr, mein liebes Kind.

   REFRAIN (Handflächen aneinander reiben)
   Wir haben jetzt April. Und der macht was er will.
   Mal ist es laut, dann wieder still.
   Wir haben jetzt April. Und der macht, was er will.
   Mal ist es laut, dann wieder still.

2. *Nun wird es lauter, hör gut zu.*
   Ein Sturm zieht auf und das im Nu.
   Nun wird es lauter, hör gut zu.

   REFRAIN (mit den Handflächen über die Oberarme reiben)

3. *Der Regen klopft und trommelt laut.*
   Man siehts, wenn man nach draußen schaut.
   Der Regen klopft und trommelt laut.

   REFRAIN (Fingerspitzen aneinander klopfen)

4. *Jetzt fällt der Hagel auf das Dach.*
   Und macht dabei ’ne Menge Krach.
   Jetzt fällt der Hagel auf das Dach.

   REFRAIN (mit den Händen auf die Oberschenkel patschen)

5. *Es klopft und pfeift, es stürmt und kracht,*
   weil ein Gewitter so was macht.
   Es klopft und pfeift, es stürmt und kracht.

   REFRAIN (Hände zu Fäusten ballen und auf den Brustkorb klopfen)

6. *Und plötzlich ist der Himmel blau.*
   Die Sonne scheint, komm her und schau!
   Nun ist es still, ich hör’s genau.

   REFRAIN (Finger beider Hände spreizen und hin und her bewegen, kein Geräusch erzeugen)

MUSIKALISCHE GESCHICHTE ab 2 Jahren

Auf der bunten Frühlingswiese

Die Geschichte können Sie im Morgenkreis für die Kinder spielen.

Material

Für die Kulisse: Wiese (grünes Tuch), Blumen (Papier), Himmel (blaues Tuch), Sonne (Papier), Vögel (Papier), Schmetterlinge (Papier), Käfer (Papier), Regentropfen (blaue Locherpunkte), Schnecke (Papier oder Schneckenhaus), Regenbogen (Papier)

Instrumente: 1. Glöckchen (oder Schellenkranz), 2. Xylophon, 3. Röhrentrommel, 4. Rassel (oder Regenmacher), 5. Tamburin (mit der Hand langsam darüber streichen), 6. Triangel / Glöckchen (oder Schellenkranz) / Xylophon / Röhrentrommel / Metallophon

Durchführung

Die Kinder sitzen nebeneinander vor der Kulisse, während Sie die Geschichte spielen.

Das lernen die Kinder

- Wissenswertes über Wiesentiere
- Geräusche und Klänge können mit dem Gehörten und Gesehenen verknüpft und in Verbindung gebracht werden
- Freude an Sprache und Klängen
- Konzentration

Vertiefung

Lassen Sie die Instrumente nach der Geschichte für eine Weile im Gruppenraum, damit die Kinder diese jederzeit ausprobieren können.

Gestalten Sie mit den Kindern tolle farbige Kunstwerke, die beinahe wie ein Regenbogen aussehen: Fließpapier wird mit bunten Fasermalern bemalt, auf eine wasserfeste Unterlage gelegt und mit einer Pipette befeuchtet. Sobald die Farben mit dem Wasser in Berührung kommen, bluten sie aus und färben das Papier in kunterbunte Farbschattierungen.

Es ist ein wunderschöner Frühlingstag. Auf der Wiese blühen Blumen in allen Farben und überall fliegt, krabbelt oder kriecht etwas.

1. *Vom* ***Himmel*** *strahlt die* ***Sonne*** *hell und warm auf die Erde herunter.* ***Vögel*** *fliegen umher und singen fröhlich ihre Lieder.*

2. *Bunte* ***Schmetterlinge*** *flattern von Blume zu Blume. Immer wieder bleiben sie auf einer Blüte sitzen und trinken ihren Saft, bevor sie weiterfliegen.*

3. *Unzählige* ***Käfer*** *krabbeln mit ihren winzigen Beinchen über Wurzeln und Steine oder an Grashalmen empor.*

4. *Plötzlich fängt es an zu regnen. Viele* ***Regentropfen*** *fallen vom Himmel. Sie prasseln laut auf Blätter, Blumen und Gras. Schnell verstecken sich die Tiere um nicht nass zu werden.*

5. *Nur einer kleinen* ***Schnecke*** *macht der Regenschauer nichts aus. Sie mag den Regen und kriecht langsam über die Wiese.*

6. *Dann ist der Regen vorbei und die Sonne zeigt sich wieder. Auch die Tiere kommen zurück: Die Vögel singen ihre Lieder, die Schmetterlinge flattern von Blume zu Blume, die Käfer krabbeln flink umher. Und am Himmel leuchtet ein kunterbunter* ***Regenbogen*** *in allen Farben. Wie schön die Welt im Frühling ist.*

RHYTHMISCHER SPRECHVERS ab 3 Jahren

Die Sonne scheint

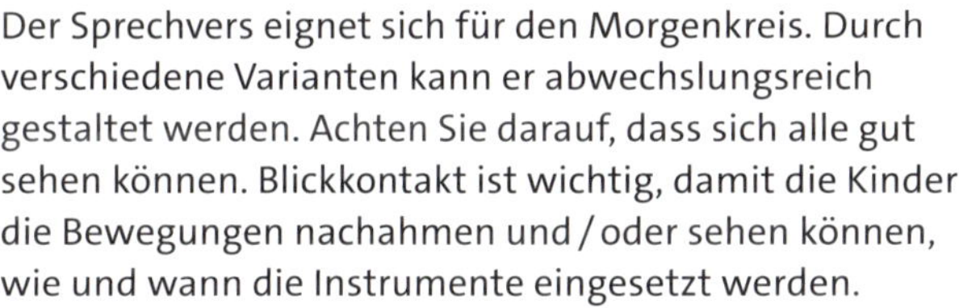

Der Sprechvers eignet sich für den Morgenkreis. Durch verschiedene Varianten kann er abwechslungsreich gestaltet werden. Achten Sie darauf, dass sich alle gut sehen können. Blickkontakt ist wichtig, damit die Kinder die Bewegungen nachahmen und / oder sehen können, wie und wann die Instrumente eingesetzt werden.

Material

Sie benötigen Trommeln und Klanghölzer.

Durchführung

Die Kinder sitzen im Kreis. Setzen Sie Ihre Stimme und Mimik gezielt ein, während Sie den Vers rhythmisch sprechen. Zusätzlich können Sie, zur optischen Unterstützung, eine Sonne, einen Regentropfen, eine Wolke und einen Regenbogen aus Papier anfertigen und bei der jeweiligen Strophe in die Mitte legen.

Das lernen die Kinder

- Förderung der Sprachentwicklung
- Kennenlernen und Handhabung von Trommeln und Klanghölzern
- den eigenen Körper so einzusetzen, dass er Geräusche erzeugen kann
- Wissenswertes über die Vielfältigkeit des Wetters
- gezielter Einsatz der eigenen Stimme

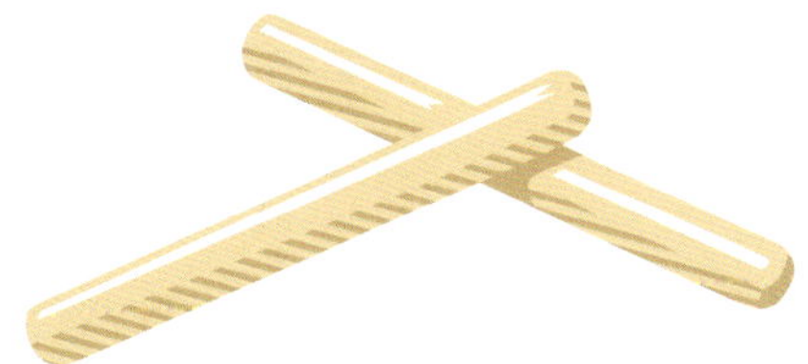

VARIANTE 1 – Lautstärke + Klang

Sprechen Sie den Vers zuerst in normaler Zimmerlautstärke. Im Anschluss können Sie laut sprechen oder flüstern oder die Mundbewegungen stumm ausführen. Oder alle halten sich die Nase beim Sprechen zu, was den Klang deutlich verändert.

VARIANTE 2 – Tempo

Sie können den Vers in seiner Geschwindigkeit variieren, indem Sie im normalen Sprechtempo beginnen, langsamer oder schneller werden oder ganz langsam oder sehr schnell sprechen.

VARIANTE 3 – Körpereinsatz

Begleiten Sie den Sprechvers mit dem eigenen Körper, indem Sie Geräusche erzeugen, wie klatschen, auf die Oberschenkel patschen, Hände reiben, stampfen, die Zeigefinger aufeinander klopfen oder mit den Fäusten sanft auf den Brustkorb klopfen.

VARIANTE 4 – Instrumenteneinsatz

Verteilen Sie Trommeln und Klanghölzer an die Kinder, die während des Sprechens zum Einsatz kommen.

1. *Die Son-ne scheint. Die Son-ne scheint.*
   So warm und schön und hell.
   Die Son-ne scheint. Die Son-ne scheint.
   Kommt mit nach drau-ßen schnell.

2. *Der Re-gen fällt. Der Re-gen fällt.*
   Ganz lei-se auf das Gras.
   Der Re-gen fällt. Der Re-gen fällt.
   Nun auch auf dei-ne Nas'.

3. *Am Him-mel strahlt. Am Him-mel strahlt.*
   Schau hin, du kannst ihn sehn.
   Am Him-mel strahlt. Am Him-mel strahlt.
   Ein Re-gen-bo-gen schön.

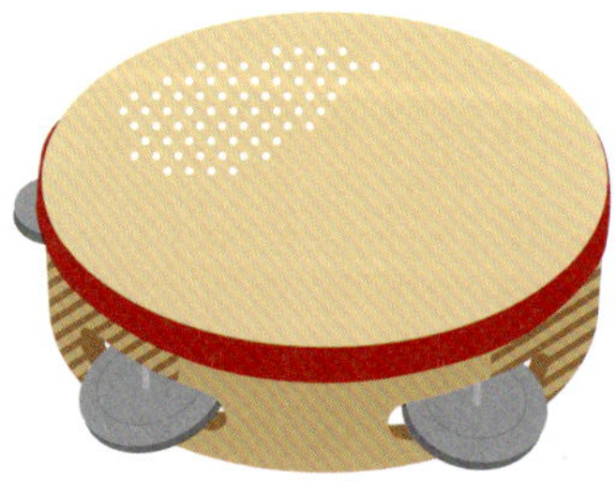

TANZ ab 2 Jahren

Der Frühlingswiesen-Tanz

MELODIE traditionell, »Es tanzt ein Bi-Ba-Butzemann«
TEXT Eva Danner

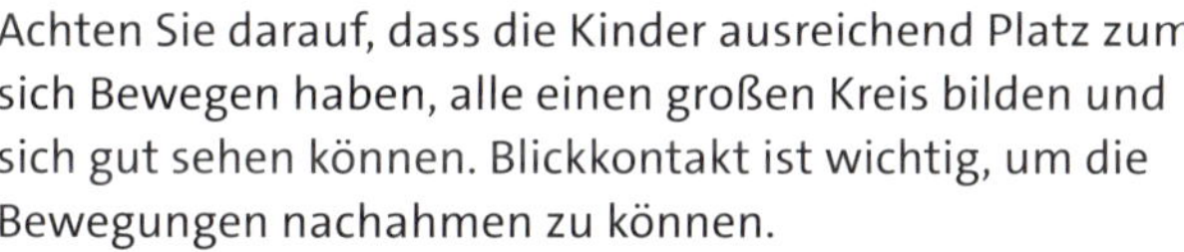

Achten Sie darauf, dass die Kinder ausreichend Platz zum sich Bewegen haben, alle einen großen Kreis bilden und sich gut sehen können. Blickkontakt ist wichtig, um die Bewegungen nachahmen zu können.

Material

Sie benötigen keine Instrumente oder andere Materialien.

Durchführung

Berichten Sie den Kindern, dass alle auf der Frühlingswiese nun gemeinsam tanzen wollen. Die Kleinen halten sich an den Händen und laufen im Kreis. Wenn eine Bewegung genannt wird, lassen sich alle los und führen die entsprechende Bewegung aus. Bevor die nächste Strophe beginnt, fassen sich wieder alle an den Händen.

Das lernen die Kinder

- Freude am Singen und sich Bewegen
- Gemeinschaftsgefühl wird gestärkt
- Sprachförderung
- Verbesserung der Motorik und Koordination

1. *Wir gehen langsam Schritt für Schritt*
   und alle Kinder, die gehen mit.
   Wir gehen langsam Schritt für Schritt
   und alle machen mit.
   Wir ***hüpfen****, schau dir das mal an.*
   Ein jeder hüpft, so gut er kann.
   Das Hüpfen, ja, das ist der Hit –
   und alle machen mit.

2. *Wir gehen langsam Schritt für Schritt*
   und alle Kinder, die gehen mit.
   Wir gehen langsam Schritt für Schritt
   und alle machen mit.
   Wir ***zappeln*** *hin und zappeln her,*
   das macht viel Spaß, fällt uns nicht schwer.
   Das Zappeln, ja, das ist der Hit –
   und alle machen mit.

3. *Wir gehen langsam Schritt für Schritt*
   und alle Kinder, die gehen mit.
   Wir gehen langsam Schritt für Schritt
   und alle machen mit.
   Wir ***stampfen*** *jetzt, hör mal gut zu,*
   denn stampfen, ja, das kannst auch du.
   Das Stampfen, ja, das ist der Hit –
   und alle machen mit.

4. *Wir gehen langsam Schritt für Schritt*
   und alle Kinder, die gehen mit.
   Wir gehen langsam Schritt für Schritt
   und alle machen mit.
   Wir ***klatschen*** *laut, wir klatschen leis'*
   und drehen uns einmal im Kreis.
   Das Klatschen, ja, das ist der Hit –
   und alle machen mit.

5. *Wir gehen langsam Schritt für Schritt*
   und alle Kinder, die gehen mit.
   Wir gehen langsam Schritt für Schritt
   und alle machen mit.
   Wir ***wackeln*** *jetzt mit unserm Po*
   und lachen laut, vergnügt und froh.
   Das Wackeln, ja, das ist der Hit –
   und alle machen mit.

6. *Wir gehen langsam Schritt für Schritt*
   und alle Kinder, die gehen mit.
   Wir gehen langsam Schritt für Schritt
   und alle machen mit.
   Wir ***patschen*** *nun auf unser Bein,*
   das können alle, Groß und Klein.
   Das Patschen, ja, ist der Hit –
   und alle machen mit.

7. *Wir gehen langsam Schritt für Schritt*
   und alle Kinder, die gehen mit.
   Wir gehen langsam Schritt für Schritt
   und alle machen mit.
   Nun ***winken*** *wir noch 1 – 2 – 3*
   und schon ist unser Lied vorbei.
   Das Winken, ja, ist der Hit –
   und alle machen mit.

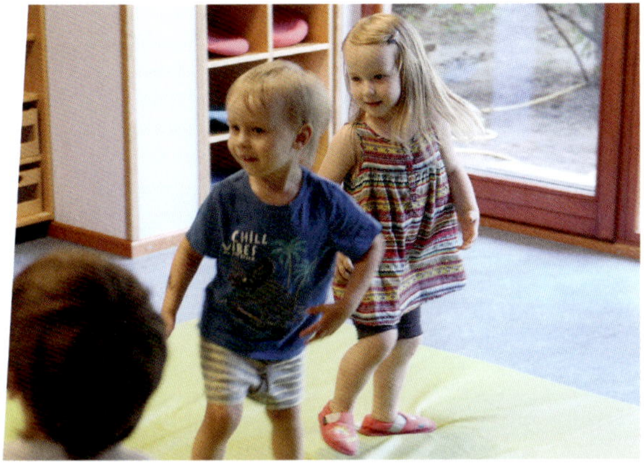

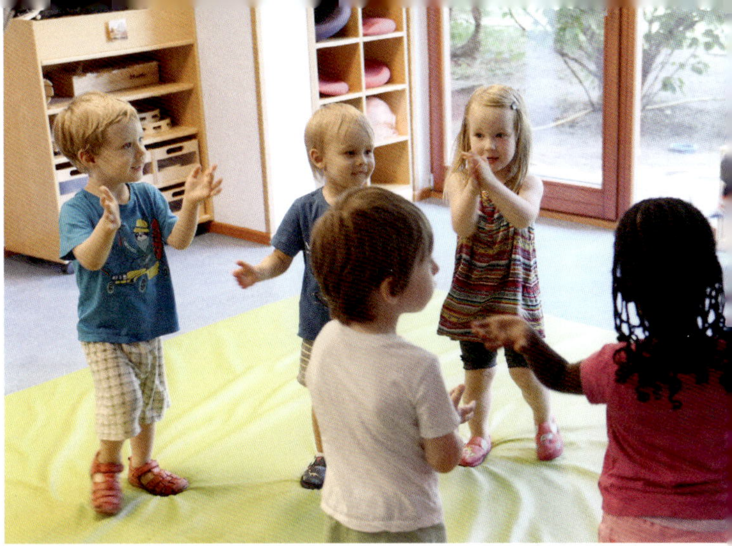

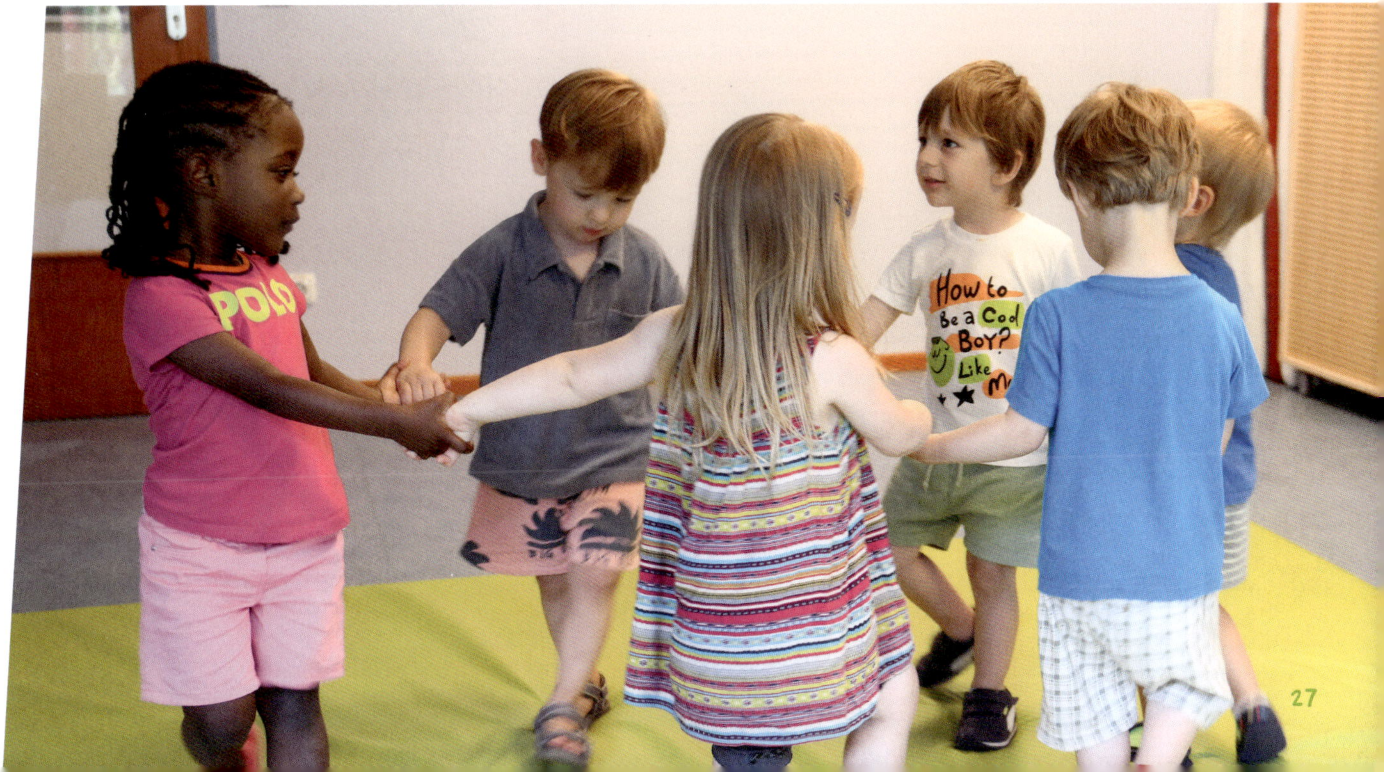
POLO
How to
Boy?
Like

MUSIKALISCHES FINGERSPIEL ab 2 Jahren

Frühling auf dem Bauernhof

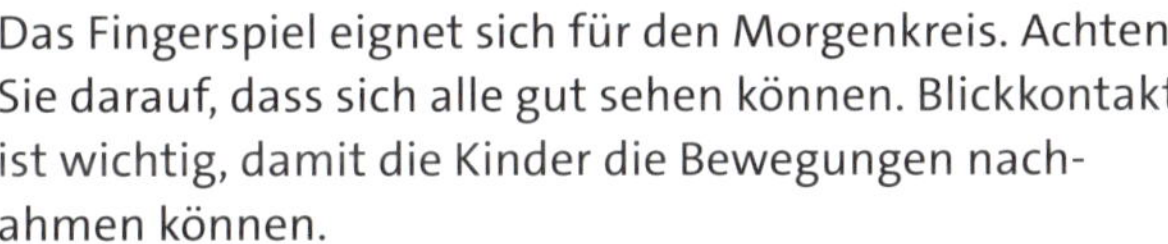

Das Fingerspiel eignet sich für den Morgenkreis. Achten Sie darauf, dass sich alle gut sehen können. Blickkontakt ist wichtig, damit die Kinder die Bewegungen nachahmen können.

Material

Sie benötigen Fingerzimbeln oder Kastagnetten, eine Kuh- oder Schiffsglocke (o. Ä.), eine Ratsche, Klanghölzer und Schleifpapier.

Durchführung

Die Kinder sitzen im Kreis.

Das lernen die Kinder

- Wissenswertes über Bauernhoftiere und ihre Jungen
- Kennenlernen von verschiedenen Instrumenten
- Geräusche und Klänge werden mit dem Gehörten verknüpft und in Verbindung gebracht
- Freude an Sprache und Klängen
- Auge-Hand-Koordination wird geschult
- Sprachförderung und Wortschatzerweiterung

Vertiefung

Lassen Sie die Instrumente für eine Weile im Gruppenraum, damit die Kinder diese jederzeit ausprobieren und damit musizieren können.

Fingerzimbeln erklingen ... das Fingerspiel beginnt

Beim Bauer ist schon früh was los.
Spitz dein ***Ohr****! Wer ist das bloß?*
Hand hinter das Ohr halten / Kuhglocke erklingt

Es ist die liebe weiße Kuh.
Ihr kleines Kälbchen macht leis ***»Muh«.***
leise »Muh« rufen

Hör *gut zu! Wer kann das sein?*
Ich glaube, das ist Mama Schwein.
Hand hinter Ohr halten / Ratsche erklingt / Zeigefinger in die Höhe strecken

Ihr Ferkel springt mit lautem ***Platsch***
mitten in den braunen Matsch.
einmal fest mit den Händen auf die Oberschenkel patschen

Hörst du's ***gackern*** *vor dem Tor?*
Das sind Hühner! Spitz dein Ohr.
Klanghölzer erklingen / Arme formen einen Kreis / Hand hinter das Ohr halten

Ihre Küken ***picken*** *froh*
viele Körner, das geht so.
Finger einer Hand »picken« in der anderen Handfläche

Ganz leis' erklingt ein ***Kratzen.***
Das sind die kleinen Katzen.
mit dem Fingernagel über Schleifpapier kratzen / Finger zu Krallen formen und pantomimisch kratzen

Die Pferde dich begrüßen.
Sie ***klappern*** *mit den Füßen.*
winken / Kastagnetten erklingen

Ihre Fohlen, sie sind scheu,
liegen ***müde*** *noch im Heu.*
gähnen / Kopf auf gefaltete Hände legen

Leider ist es nun schon spät.
»Gute Nacht!«, der Hahn jetzt ***kräht.***
»Kikeriki« rufen

RHYTHMISCHES SPRACHSPIEL ab 3 Jahren

Von den Blumen

Dieses rhythmische Sprachspiel eignet sich, wenn die Kinder am Tisch sitzen, beispielsweise vor dem Frühstück oder Mittagessen oder einfach zwischendurch. Achten Sie darauf, dass sich alle gut sehen können. Blickkontakt ist wichtig, damit die Kinder die Bewegungen nachahmen können.

Material

Sie benötigen weder Instrumente noch andere Materialien.

Durchführung

Die Kinder sitzen am Tisch. Setzen Sie gezielt Ihre Stimme ein, indem Sie beim rhythmischen Sprechen des Textes zwischen langsamer und schneller Betonung wechseln. Die angegebenen Bewegungen, mit denen der Text geräuschvoll begleitet wird, werden am Tisch ausgeführt. Bewegungen die zum Einsatz kommen können: Mit den Handflächen auf den Tisch patschen, mit den Zeigefingerspitzen auf den Tisch tippen, mit den Fäusten auf den Tisch klopfen, mit den Fingerknöcheln auf den Tisch klopfen, mit allen Fingern auf den Tisch tippen ...

Das lernen die Kinder

- Förderung der Sprachentwicklung
- die Hände so einzusetzen, dass sie unterschiedlich laute Geräusche erzeugen können
- bewusstes Wahrnehmen von Lautstärke, Tempo und Rhythmus
- Wissenswertes über die Vielfältigkeit der eigenen Stimme und wie diese eingesetzt werden kann

Vertiefung

Sprechen Sie den Text laut und leise, flüstern Sie ihn oder führen Sie ausschließlich die Mundbewegungen aus. Halten Sie sich die Nase beim Sprechen zu oder legen Sie die Hand über den Mund. Sprechen Sie den Text schnell wie eine Rakete oder langsam wie eine Schnecke.

Text:	*Blu-men* *bunt und*	*wach-sen,* *schön,*	*schau sie dir mal an.* *das sieht ein je-der-mann.*
Betonung:	*langsam*	*langsam*	*schnell*
Text:	*Ro-te,* *Auf der*	*blau-e,* *Wie-se*	*man-che leuch-ten gelb.* *und auch auf dem Feld.*
Betonung:	*langsam*	*langsam*	*schnell*
Text:	*Blu-men* *Früh-ling,*	*wach-sen,* *Früh-ling,*	*denn es ist so-weit.* *ist die schöns-te Zeit!*
Betonung:	*langsam*	*langsam*	*schnell*

Sommer

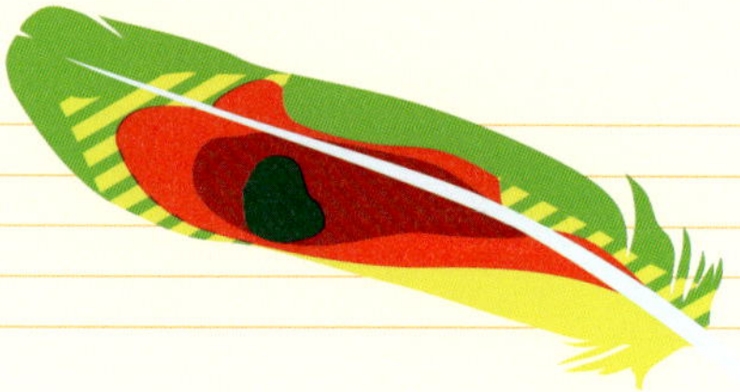

MUSIKALISCHE GESCHICHTE ab 2 Jahren

Urlaub am Meer

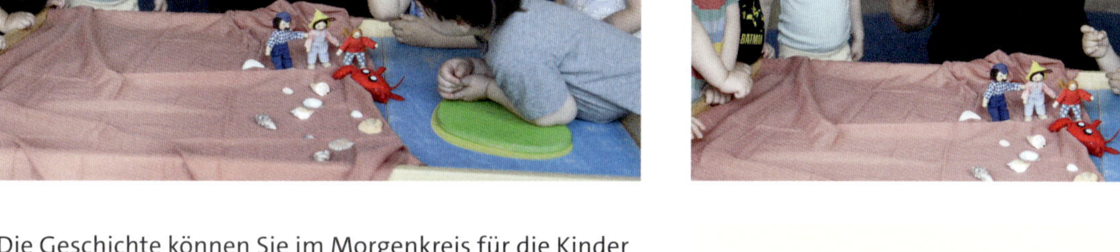

Die Geschichte können Sie im Morgenkreis für die Kinder spielen.

Material

Materialien für die Kulisse: Luna, Eltern (Figuren oder Handpuppen), Meer (blaues Tuch), Strand (braunes Tuch), Krebs (Papier oder Stoff), Schiff (Papier oder Holz), Kokosnuss

Instrumente: 1. Ocean Drum, 2. Blocktrommel, 3. Gong (oder Klangschale), 4. Kokosnusshälften (gegeneinander klopfen), 5. Trommel, 6. Spieluhr oder kleine Handdreh-orgel / Trommel / Gong (oder Klangschale) / Block-trommel / Kokosnusshälften / Ocean Drum

Durchführung

Die Kinder sitzen nebeneinander vor der Kulisse, während Sie die Geschichte spielen.

Das lernen die Kinder

- Wissenswertes über Meer und Strand
- Geräusche und Klänge werden mit dem Gehörten und Gesehenen verknüpft und in Verbindung gebracht
- Freude an Sprache und Klängen
- Wissenswertes über Kokosnüsse
- Konzentration

Vertiefung

- Lassen Sie die Instrumente im Anschluss für eine Weile im Gruppenraum, damit die Kinder diese jederzeit ausprobieren und damit musizieren können.
- Knacken Sie mit den Kindern eine Kokosnuss, die ganzheitliche sinnliche Erfahrungen ermöglicht (sehen, riechen, fühlen, schmecken, hören beim Schütteln). Anschließend können die beiden leeren Kokosnuss-hälften zum Musizieren verwendet werden.

Es ist Sommer. Luna und ihre Eltern machen Urlaub am Meer. Das Meer ist blau und riesig und wunderschön.

1. *Gerade laufen sie gemeinsam am Strand entlang. Ihre Füße berühren den warmen Sand und sie lauschen den Wellen:* ***Schhhhhh****. »Hörst du das?«, fragt Papa. Luna nickt. Mama, Papa und Luna beobachten, wie das Wasser an den Strand schwappt und hören sein leises Rauschen:* ***Schhhhhh****.*

2. *Dann entdeckt Luna einen Krebs. »Guckt mal!«, ruft sie begeistert, als das Tier mit seinen Zangen eine Muschelschale knackt:* ***Krack****. »Pass auf deine Füße auf!«, sagt Mama und schmunzelt. »Nicht, dass der Krebs dir in den Zeh zwickt!«*

3. *Auf einmal ertönt es laut:* ***Gong!*** *Luna und ihre Eltern sehen ein großes Schiff, das langsam vorbeifährt. Obwohl es weit weg ist, ist die Schiffsglocke laut zu hören.* ***Gong!***

4. *»Ich habe Hunger!«, sagt Luna kurz darauf. »Ich auch!«, antwortet Papa. »Dort vorne gibt es Kokosnüsse!« Als sie näher kommen, hören sie lautes* ***Klopfen****. »Was ist das?«, will Luna wissen. »Siehst du den Mann? Er knackt die Kokosnüsse. Ihre Schale ist sehr hart, aber sie schmeckt lecker. Möchtest du eine probieren?« »Ja!«, ruft Luna begeistert und kurze Zeit später lassen sie sich eine köstliche süße Kokosnuss schmecken.*

5. *Da erklingen* ***Trommeln*** *und Gesang. Luna dreht sich um und sieht Menschen im Sand sitzen. Sie trommeln und singen und sofort steht Luna auf und beginnt zu tanzen. »Musik ist wunderschön!«, ruft sie lachend.*

6. *Dann wird es Zeit, zurück ins Hotel zu gehen. Luna ist müde. Als sie im Bett liegt macht Mama die* ***Spieluhr*** *an. Bereits nach kurzer Zeit ist Luna eingeschlafen. Und vielleicht träumt sie ja von* ***Trommeln*** *und* ***Schiffsglocken, Krebsen, Kokosnüssen*** *und dem* ***Rauschen*** *der Wellen, die leise an den Strand schwappen.*

LIED ab 3 Jahren

Wir singen jetzt ein Lied

MELODIE traditionell, »Von den blauen Bergen kommen wir« (auch bekannt als »Hab ’ne Tante aus Marokko«)
TEXT Eva Danner

Das Lied kann im Morgen- oder Singkreis gesungen werden. Achten Sie darauf, dass sich alle gut sehen können. Blickkontakt ist wichtig, damit die Kinder (je nach Variante) erkennen können, welche Instrumente erklingen oder welche Bewegungen ausgeführt werden.

Material

Sie benötigen Handtrommeln, Klanghölzer, Schellenkränze und Rasseln.

Durchführung

Die Kinder sitzen im Kreis, während Sie die Instrumente verteilen. Bei der ersten Strophe erklingen alle Instrumente, bei den anderen Strophen kommen immer nur diejenigen zum Einsatz, die genannt werden.

Das lernen die Kinder

- Kennenlernen und Handhabung verschiedener Instrumente
- den eigenen Körper so einzusetzen, dass er Geräusche erzeugt
- Freude am Singen und Musizieren
- Förderung der Sprachentwicklung
- Koordination

Variante

Auch ohne Instrumente kann das Lied musikalisch mit dem eigenen Körper begleitet werden:

1. In dieser Strophe wird nur gesungen.
2. ... klatschen
3. ... patschen (auf die Oberschenkel)
4. ... klopfen (mit den Händen auf den Brustkorb)
5. ... stampfen

1. *Ja, wir singen jetzt ein wunderschönes Lied.*
   Wenn es dir gefällt, dann sing doch einfach mit.
   Ja, wir singen jetzt ein Lied
   und wenn du magst, dann sing doch mit.
   Ja, alle singen jetzt ein wunderschönes Lied.
   Alle Instrumente erklingen.

2. *Ja, wir trommeln jetzt ein wunderschönes Lied.*
   Wenn es dir gefällt, dann trommle einfach mit.
   Ja, wir trommeln jetzt ein Lied
   und wenn du magst, dann trommle mit.
   Ja, alle trommeln jetzt ein wunderschönes Lied.
   Handtrommel

3. *Ja, wir klopfen jetzt ein wunderschönes Lied.*
   Wenn es dir gefällt, dann klopf doch einfach mit.
   Ja, wir klopfen jetzt ein Lied
   und wenn du magst, dann klopf doch mit.
   Ja, alle klopfen jetzt ein wunderschönes Lied.
   Klanghölzer

4. *Ja, wir klingeln jetzt ein wunderschönes Lied.*
   Wenn es dir gefällt, dann klingle einfach mit.
   Ja, wir klingeln jetzt ein Lied
   und wenn du magst, dann klingle mit.
   Ja, alle klingeln jetzt ein wunderschönes Lied.
   Schellenkranz

5. *Ja, wir rasseln jetzt ein wunderschönes Lied.*
   Wenn es dir gefällt, dann rassle einfach mit.
   Ja, wir rasseln jetzt ein Lied
   und wenn du magst, dann rassle mit.
   Ja, alle rasseln jetzt ein wunderschönes Lied.
   Rassel

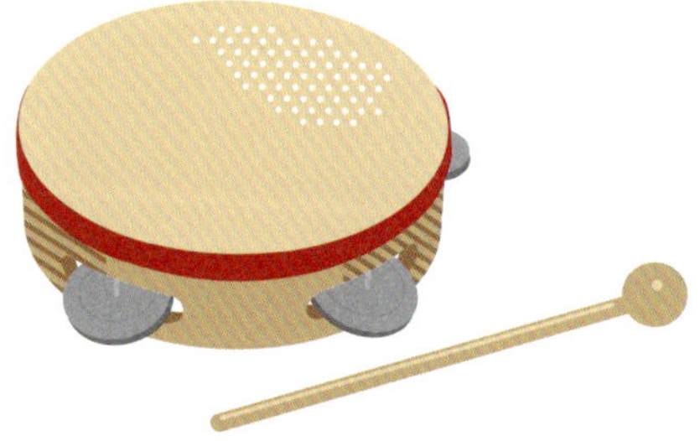

SINNESERFAHRUNG ab 2 Jahren

Tanzendes Wasser

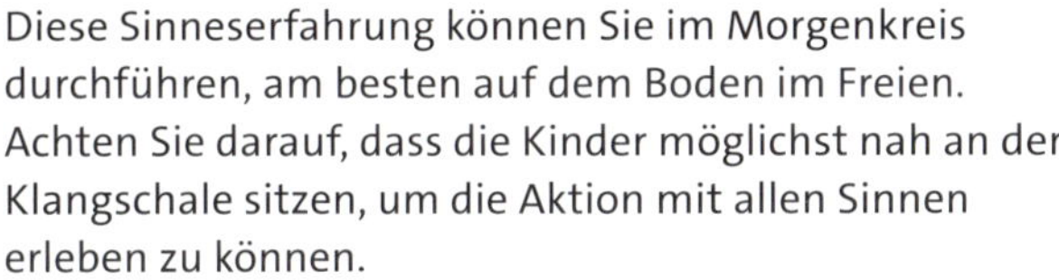

Diese Sinneserfahrung können Sie im Morgenkreis durchführen, am besten auf dem Boden im Freien. Achten Sie darauf, dass die Kinder möglichst nah an der Klangschale sitzen, um die Aktion mit allen Sinnen erleben zu können.

Material

Sie benötigen eine Klangschale mit Klöppel, einen Glaskrug mit Wasser, Lebensmittelfarbe und einen Löffel.

Durchführung

Schritt 1: Die Kinder sitzen im Kreis. Zeigen Sie ihnen zunächst die Klangschale ohne Wasser. Jeder darf sie in die Hand nehmen und betrachten. Regen Sie die Kleinen zum Sprechen an, indem Sie Fragen stellen wie: »Was könnte das sein?« »Habt ihr so etwas schon einmal gesehen?« »Ist die Schale leicht oder schwer, groß oder klein?« Schon die Kleinsten werden schnell feststellen, dass die Schale sehr schwer ist. Demonstrieren Sie deren Funktionsweise, indem Sie sie mit einem Klöppel anschlagen. Gemeinsam lauschen alle dem Klang, der lange Zeit nachschwingt und zu hören ist. Nun dürfen auch die Kinder versuchen, die Klangschale zum Klingen zu bringen.

Schritt 2: Färben Sie gemeinsam das Wasser im Glaskrug mit der Lebensmittelfarbe ein und rühren Sie mithilfe des Löffels so lange um, bis sich die Farbe komplett aufgelöst hat. Mit Ihrer Hilfe dürfen die Kinder die Klangschale nun (fast bis zum Rand) mit der Flüssigkeit füllen. Stellen Sie die Schale mittig auf den Boden. Schlagen Sie die Klangschale an und bitten Sie die Kinder, das Wasser zu beobachten. Weisen Sie die Kleinen auf die Muster hin, die sich auf der Wasseroberfläche bilden und sich permanent verändern. Nun können die Kinder ihre Hände über die Klangschale halten, die Sie nun noch stärker in Schwingung versetzen, bis das Wasser aus der Schale nach oben springt. Die Kinder spüren die Wassertropfen an ihren Händen und durch die Färbung können sie diese auch optisch wahrnehmen. Auf diese Weise sehen, hören und spüren sie das Wasser und können vielfältige sinnliche Erfahrungen sammeln. Natürlich macht die Aktion auch viel Spaß. Im Anschluss gehen Sie gemeinsam Hände waschen.

Das lernen die Kinder

- Freude an Klängen und Geräuschen
- sinnliche Erfahrungen mit dem Element Wasser (sehen, hören, spüren)
- Konzentration, Sprachförderung und Begriffsbildung
- Kennenlernen und Handhabung einer Klangschale
- Schulung der auditiven Wahrnehmung
- Gemeinschaftsgefühl
- Auge-Hand-Koordination

Fachwissen

Eine Klangschale besteht meist aus Messing oder Bronze und wird seitlich am Rand mit einem Klöppel angeschlagen und dadurch in Schwingung versetzt. Das sich in der Schale befindende Wasser wird durch die Vibration ebenfalls in Schwingung versetzt und beginnt regelrecht zu »tanzen«. Man kann an der Oberfläche interessante Muster erkennen, die sich dort bilden, und wenn die Schale noch stärker angeschlagen wird, spritzt das Wasser – ähnlich einem Springbrunnen – in die Höhe.

MUSIKALISCHER TISCHSPRUCH ab 2 Jahren

Krebse, Quallen, Fische

Der Tischspruch eignet sich zum Frühstück oder Mittagessen. Achten Sie darauf, dass sich alle gut sehen können. Blickkontakt ist wichtig, damit die Kinder die Bewegungen nachahmen können.

Material

Sie benötigen einen Gong mit Schlägel.

Durchführung

Wenn sich alle am Tisch eingefunden haben, schlagen Sie den Gong an. Die Kinder können still werden und sich auf das Geräusch fokussieren. Wenn der Ton nicht mehr zu hören ist, beginnen Sie mit dem Spruch.

Das lernen die Kinder

- Förderung der Sprachentwicklung
- Auge-Hand-Koordination
- Gemeinschaftsgefühl
- Freude an Sprache und Ritualen

1. *Krebse, Quallen, Fische,*
   kommen jetzt zu Tische.

   Hände stellen »Zangen« dar / Arme »schlabbern« seitlich am Körper / Handflächen aufeinander legen / jemanden zu sich her winken.

2. *Große und ganz Kleine,*
   keiner ist alleine.

   Hände so weit auseinanderhalten wie möglich / Hände in geringem Abstand zueinander halten / sich die Hände reichen.

3. *Alle rufen mit:*
   »Guten Appetit!«

   Alle halten sich an den Händen.

TANZ ab 2 Jahren

Der Papageien-Tanz

MELODIE traditionell, »Ein Vogel wollte Hochzeit machen«
TEXT Eva Danner

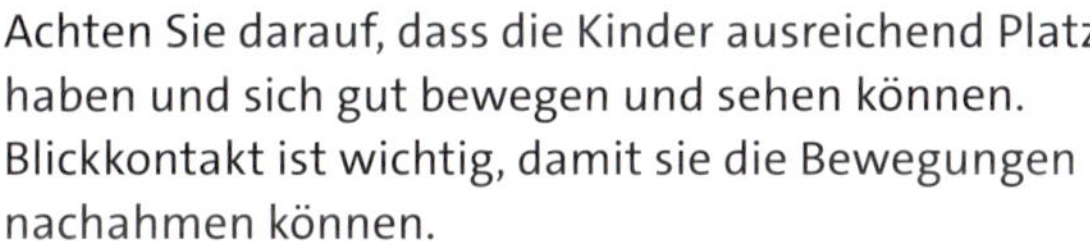

Achten Sie darauf, dass die Kinder ausreichend Platz haben und sich gut bewegen und sehen können. Blickkontakt ist wichtig, damit sie die Bewegungen nachahmen können.

Material

Sie benötigen pro Kind zwei bunte Chiffontücher (die als Flügel verwendet werden) und Musik.

Durchführung

Die Kinder verteilen sich im Raum und halten in jeder Hand ein Chiffontuch. Machen Sie die Bewegungen vor und setzen Sie Ihre Stimme gezielt ein, um den Unterschied von laut und leise deutlich zu machen. Die Kinder führen anschließend gemeinsam mit Ihnen die Bewegungen aus.

Das lernen die Kinder

- Freude an Musik, am Singen, am Tanzen und sich bewegen
- Gemeinschaftsgefühl
- Sprachförderung und Begriffsbildung
- Förderung der Motorik

Variante

Spielen Sie die gewünschte Musik ab. Die Kinder dürfen sich frei im Raum bewegen und mit ihren Tüchern tanzen. Sobald die Musik stoppt, machen die Papageien eine kurze Pause und bleiben stehen. Wenn die Musik wieder erklingt, »fliegen« die Kinder wieder los und tanzen durch den Raum. Diese Variante kann als Aufwärm- oder Schlussspiel, beispielsweise bei Bewegungsbaustellen oder einfach so zwischendurch, eingesetzt werden.

1. *Die Papageien werden wach und machen eine Menge Krach.*
   Kra, kra, kra, kra, kra. Kra, kra, kra, kra, kra. Kra, kra, kra, kra, kra, kra, kra.

   Die Kinder stehen im Raum verteilt mit ihren Tüchern in den Händen und recken und strecken sich. Das »Kra, kra« wird gemeinsam laut gesungen, während die Kleinen umher laufen und die Arme als Flügel auf und ab bewegen.

2. *Nun fliegen sie vergnügt umher, denn das gefällt ihnen ja sehr.*
   La, la, la, la, la. La, la, la, la, la. La, la, la, la, la, la, la.

   Die Kinder tanzen umher und bewegen dabei ihre Arme mit den Tüchern auf und ab.

3. *Die Papageien sind nicht dumm und tanzen nun im Kreis herum.*
   Drehn sich rundherum. Drehn sich rundherum. Ja, sie drehn sich rundherum.

   Die Kinder tanzen im Kreis.

4. *Jetzt sind sie müd, und wollen Ruh, und machen ihre Augen zu.*
   Kra, kra, kra, kra, kra. Kra, kra, kra, kra, kra. Kra, kra, kra, kra, kra, kra, kra.

   Die Kinder setzen sich auf den Boden und legen ihre Tücher dort ab.
   Das »Kra, kra« wird gemeinsam leise gesungen und die Augen werden geschlossen.

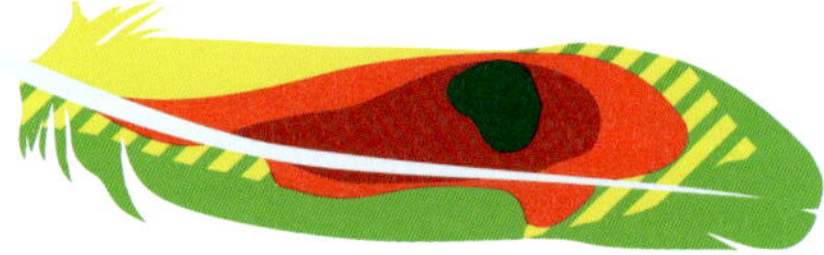

MUSIKALISCHES SPIEL ab 3 Jahren

Tanz der Schmetterlinge

MELODIE traditionell, »Ich bin ein dicker Tanzbär«
TEXT Eva Danner

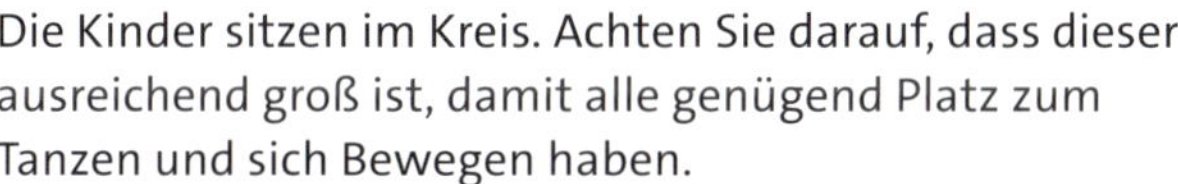

Die Kinder sitzen im Kreis. Achten Sie darauf, dass dieser ausreichend groß ist, damit alle genügend Platz zum Tanzen und sich Bewegen haben.

Material

Sie benötigen eine Triangel und ggf. bunte Tücher.

Durchführung

Die Kinder sitzen im Kreis. Erzählen Sie ihnen, dass ein Schmetterling unterwegs auf der Suche nach einem Freund ist und im Kreis »herumfliegt«. Hierzu breitet das Kind, das als Schmetterling bestimmt wurde, seine Arme aus und bewegt sie als Flügel auf und ab, während es im Kreis läuft. Ist ein Freund gefunden, fassen sich die beiden Kinder an den Händen und tanzen miteinander. Anschließend lassen sie sich wieder los. Nun fliegen zwei Schmetterlinge umher und jeder sucht sich einen neuen Tanzpartner aus. Erzählen Sie, dass die Schmetterlinge so lange tanzen, bis die Triangel erklingt. Schlagen Sie diese an, damit die Kinder deren Klang hören. Dann fliegen die Schmetterlinge nach Hause und alle Kinder setzen sich wieder auf ihren Platz. Dort führen sie die Bewegungen entsprechend der 4. Strophe aus.

Das lernen die Kinder

- Freude am Singen und sich Bewegen
- Gemeinschaftsgefühl
- Sprachförderung und Begriffsbildung
- Kennenlernen einer Triangel
- Koordination

Variante

- Jedes Kind erhält zwei bunte Tücher, die die Schmetterlingsflügel symbolisieren.
- Sie können auch eine fünfte Strophe singen. Hier dürfen alle anwesenden Kinder (die möchten) als Schmetterlinge umherfliegen, sich beim Tanzen an den Händen halten und einen großen Kreis bilden.

1. *Ein Schmetterling fliegt fröhlich, denn das mag dieser sehr.*
   Er sucht sich einen Freund und sie tanzen dann umher.
   Schau, sie tanzen still und leis'
   und drehen sich vergnügt im Kreis.
   Schau, sie tanzen still und leis'
   und drehen sich vergnügt im Kreis.

2. *Zwei Schmetterlinge fliegen, das mögen diese sehr.*
   Sie suchen sich 'nen Freund und dann tanzen sie umher.
   Schau, sie tanzen still und leis'
   und drehen sich vergnügt im Kreis.
   Schau, sie tanzen still und leis'
   und drehen sich vergnügt im Kreis.

3. *Vier Schmetterlinge fliegen, das mögen diese sehr.*
   Sie suchen sich 'nen Freund und dann tanzen sie umher.
   Schau, sie tanzen still und leis'
   und drehen sich vergnügt im Kreis.
   Schau, sie tanzen still und leis'
   und drehen sich vergnügt im Kreis.

4. *Dann fängt es an zu regnen, sie fliegen schnell nach Haus.* Triangel erklingt.
   Die Schmetterlinge kommen erst morgen wieder raus.
   Schau, sie wollen ihre Ruh'
   und machen jetzt die Augen zu.
   Schau, sie wollen ihre Ruh'
   und machen jetzt die Augen zu.
   Kopf auf gefaltete Hände legen und Augen schließen

5. *Die Schmetterlinge fliegen, das mögen diese sehr.*
   Sie suchen sich 'nen Freund und dann tanzen sie umher.
   Schau, sie tanzen still und leis'
   und drehen sich vergnügt im Kreis.
   Schau, sie tanzen still und leis'
   und drehen sich vergnügt im Kreis.

Herbst

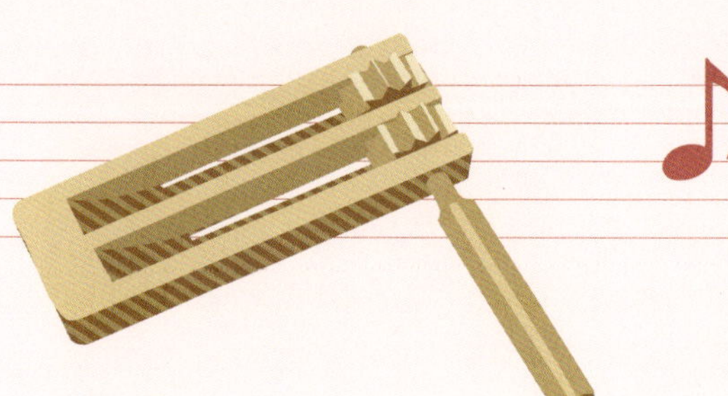

MUSIKALISCHE BEWEGUNGSIMPULSE ab 2 Jahren

Tiere unterwegs im Herbstwald

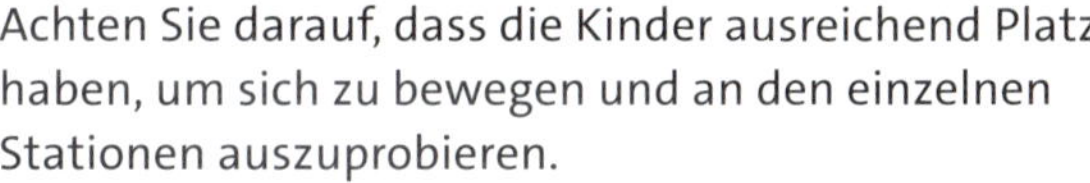

Achten Sie darauf, dass die Kinder ausreichend Platz haben, um sich zu bewegen und an den einzelnen Stationen auszuprobieren.

Material

Bauen Sie mit den genannten Materialien die Stationen entsprechend auf. Legen Sie ein *grünes Tuch* in die Mitte des Turnraumes, um eine »Lichtung« zu symbolisieren. Die einzelnen Stationen bauen Sie um das Tuch herum auf.

Station Specht: Stellen Sie eine *Bank* auf, die den »Baumstamm« darstellt und sichern Sie diese mit Matten als Fallschutz ab. Platzieren Sie auf einer Seite der Bank einen mit *Klanghölzern* gefüllten *Korb*.

Station Amsel: Befestigen Sie Glöckchen mit *Wäscheklammern* an einem *Kletternetz* oder *Picklerdreieck* und legen Sie *Matten* als Fallschutz darunter.

Station Hase: Stellen Sie eine *Weichbodenmatte* so auf, dass eine Art Tunnelgang entsteht, der den Weg durch den Tannenwald darstellt. Verteilen Sie mehrere *Schaumstoffelemente*, die den Waldboden symbolisieren. Stellen Sie auf eine Seite des Aufbaus einen mit *Handtrommeln* gefüllten *Korb*.

Station Dachs: Platzieren Sie auf einer Seite eines *Kriechtunnels* einen mit *Rasseln* gefüllten *Korb*.

Durchführung

Erzählen Sie den Kindern, dass im Herbst überall im Wald ein Klingen und Singen zu hören ist. Der *Specht* klopft laut an einen Stamm, die *Amsel* sitzt im Baum und singt ein Lied. Der *Hase* hoppelt fröhlich umher und trommelt mit den Hinterbeinen auf den Boden und der *Dachs* gräbt einen tiefen Bau. Anschließend erklären und demonstrieren Sie ihnen die einzelnen Bewegungsstationen.

Station Specht: Berichten Sie, dass der Specht laut mit seinem Schnabel gegen den Baumstamm klopft. Machen Sie das Geräusch vor, indem Sie die Klanghölzer benutzen. Nehmen Sie ein Klangholz aus dem Korb, balancieren über die Bank und legen es auf die »Lichtung« (grünes Tuch in der Turnraummitte).

Station Amsel: Erzählen Sie, dass eine Amsel hoch oben im Baum sitzt und singt. Lassen Sie eines der Glöckchen erklingen, damit die Kinder es hören können. Klettern Sie am Netz/dem Picklerdreieck hoch, ziehen ein Glöckchen ab, klettern wieder nach unten und legen es auf die »Lichtung«.

Station Hase: Erklären Sie, dass der Hase durch den Wald hoppelt: zwischen den Bäumen hindurch, über den mit Moos bewachsenen Boden und um viele Wurzeln herum. Dabei klopft er laut mit seinen Pfoten. Machen Sie das Geräusch vor, indem Sie eine Handtrommel anschlagen. Laufen Sie damit durch den Tunnelgang, um die »Wurzeln« herum und balancieren Sie über die wackeligen Schaumstoffelemente. Die Handtrommel legen Sie auf das grüne Tuch.

Station Dachs: Berichten Sie, dass der Dachs einen tiefen Bau in die Erde gräbt und dabei viel Krach macht. Schütteln Sie eine Rassel, damit die Kleinen das Geräusch hören. Krabbeln Sie durch den Kriechtunnel und legen Sie die Rassel auf die »Lichtung«.

Nun dürfen die Kinder die einzelnen Stationen ausprobieren. Jedes entscheidet selbst, welche und wie oft er diese ausprobieren möchte.

Abschluss

Alle versammeln sich an der »Lichtung« und jeder wählt sich ein Instrument aus. Gemeinsam wird das Lied von Seite 68 gesungen (Strophe 1–4). Anstelle der dort genannten Bewegungen dürfen die Kleinen zusammen musizieren.

Das lernen die Kinder

- Freude an Bewegung, Klängen und Musik
- Gleichgewicht und Körpergefühl werden verbessert
- Arm- und Beinmuskulatur wird trainiert
- Ausdauer und Kondition werden trainiert
- Koordination
- Sprachentwicklung
- Gemeinschaftsgefühl
- Kennenlernen und Handhabung von Instrumenten

BEWEGUNGSLIED ab 2 Jahren

Im tiefen Wald

MELODIE traditionell, »Hänsel und Gretel«
TEXT Eva Danner

Sie benötigen ausreichend Platz, damit sich die Kinder frei im Raum bewegen können. Achten Sie darauf, dass sich alle gut sehen. Blickkontakt ist wichtig, damit die Kleinen die Bewegungen nachahmen können.

Material

Es sind keine Instrumente oder andere Materialien erforderlich.

Durchführung

Die Kinder stehen im Raum verteilt.

Das lernen die Kinder

- Freude am Singen und sich Bewegen
- Förderung der Sprachentwicklung
- Wortschatzerweiterung
- Koordination und Körpergefühl
- neues Wissen über verschiedene Waldtiere

1. *Im tiefen Wald, ja, da ist es wunderschön.*
   Dort kann man Bäume und viele Tiere seh'n.
   Der Specht klopft an den Baumstamm,
   komm, hör dir das mal an.
   Mit seinem Schnabel klopft er, so laut er kann.
   Bewegung: umherlaufen, eine Hand bildet eine Faust und klopft in der anderen Handfläche

2. *Im tiefen Wald, ja, da ist es wunderschön.*
   Dort kann man Bäume und viele Tiere seh'n.
   Die Amsel fliegt umher
   und sie singt ein schönes Lied.
   Und wenn du magst, ja, dann sing doch einfach mit.
   Bewegung: umherlaufen, Arme ausstrecken und auf und ab bewegen

3. *Im tiefen Wald, ja, da ist es wunderschön.*
   Dort kann man Bäume und viele Tiere seh'n.
   Der Dachs mit seinen Krallen,
   er buddelt einen Bau.
   Gräbt ziemlich laut, ja, das hör' ich ganz genau.
   Bewegung: umherkrabbeln und pantomimisch graben

4. *Im tiefen Wald, ja, da ist es wunderschön.*
   Dort kann man Bäume und viele Tiere seh'n.
   Der Hase hoppelt fröhlich
   und springt vergnügt umher.
   Das tut er gerne, das fällt ihm gar nicht schwer.
   Bewegung: umherhüpfen

5. *Im tiefen Wald, ja, da ist es wunderschön.*
   Dort kann man Bäume und viele Tiere seh'n.
   Der Fuchs, er schleicht ganz leise,
   hör zu, mein liebes Kind.
   Jetzt schnuppert er, hält die Nase in den Wind.
   Bewegung: auf allen Vieren umherschleichen, Kopf nach oben strecken und schnuppern

6. *Im tiefen Wald, ja, da ist es wunderschön.*
   Dort kann man Bäume und viele Tiere seh'n.
   Der Hirsch, er springt umher
   und er ist auch ziemlich schnell.
   Hat ein Geweih und ein braunes weiches Fell.
   Bewegung: Hände rechts und links an den Kopf halten und umherrennen

7. *Im tiefen Wald, ja, da ist es wunderschön.*
   Dort kann man Bäume und viele Tiere seh'n.
   Der Igel, er hat Stacheln
   und er ist ziemlich klein.
   Rollt bei Gefahr sich zu einer Kugel ein.
   Bewegung: umherkrabbeln und sich ganz klein machen

MUSIKALISCHE GESCHICHTE ab 2 Jahren

Der magische Herbstwald

Die Geschichte können Sie im Morgenkreis für die Kinder spielen.

Material

Materialien für die Kulisse: Blätter (Tücher in rot, grün, gelb und orange), Igel (Papier oder Püppchen), Blätterfee (Papier oder Püppchen), Kastanien, Teich (blaues Tuch), Wasserkobold (Papier oder Püppchen), Frosch (Papier oder Püppchen), Eicheln

Instrumente: 1. Ratsche, 2. Metallophon oder Schellenkränze, 3. Blocktrommel, 4. Gläser unterschiedlich mit Wasser füllen und anschlagen / Metallophon oder Schellenkränze, 5. Klanghölzer / Metallophon oder Schellenkränze

Durchführung

Die Kinder sitzen nebeneinander vor der Kulisse, während Sie die Geschichte spielen.

Das lernen die Kinder

- Wissenswertes über den Herbst und verschiedene Waldtiere
- die Fantasie wird angeregt
- Geräusche und Klänge werden mit dem Gehörten und Gesehenen verknüpft
- Freude an Sprache und Klängen
- Konzentration

Vertiefung

- Lassen Sie die Instrumente im Anschluss für eine Weile im Gruppenraum, damit die Kinder diese jederzeit ausprobieren und damit musizieren können.
- Bieten Sie den Kindern verschiedene Naturmaterialien im Freispiel an (diese können Sie im Vorfeld bei einem gemeinsamen Herbstspaziergang sammeln): Nüsse, Kastanien, Eicheln und weitere Funde erzeugen beim Spielen Klänge.

Es ist Herbst. Der Wald ist bunt und wunderschön. Rote und grüne, gelbe und orangefarbene Blätter bedecken den Boden.

1. *Plötzlich* ***raschelt*** *es im Laub und ein Igel krabbelt umher.*

2. *Das Rascheln ist ganz leise, doch die Blätterfee Fiona wacht davon auf. Sie wohnt hoch oben auf einem Baum. »Was war denn das?«, fragt sie, breitet ihre* ***Flügel*** *aus und fliegt davon. Da entdeckt sie den kleinen Igel zwischen den Blättern am Boden.*

3. *Als Fiona sich neben ihn setzt, macht es:* ***Platsch****. Und gleich darauf noch einmal:* ***Platsch****. Der Igel rollt sich erschrocken zu einer Kugel zusammen. »Du musst keine Angst haben!«, sagt Fiona. »Das sind nur Kastanien, die vom Baum fallen!«*

4. *Doch dann hört die Blätterfee noch ein anderes Geräusch:* ***Kling****. So etwas hat sie noch nie gehört. »Nanu?«, wundert sie sich, als es wieder erklingt:* ***Kling****. »Das kommt vom Teich!«, sagt sie und* ***fliegt*** *los. Als Fiona dort ankommt, entdeckt sie ein grünes Männlein, das im Wasser schwimmt. »Wer bist du denn?«, fragt sie. »Ich bin der Wasserkobold Kasimir. Und mit wem habe ich das Vergnügen?« »Mein Name ist Fiona!«, stellt diese sich vor. »Ich bin eine Blätterfee!« »Ich muss jetzt leider los!«, sagt Kasimir und schon ertönt das wundersame Geräusch erneut:* ***Kling****. Im nächsten Augenblick ist der Wasserkobold verschwunden und ein grüner Frosch schwimmt herum. Fiona staunt und ruft: »Auf Wiedersehen, Kasimir!« »Quak, quak!«, macht der Frosch und schwimmt davon.*

5. *Die Fee spaziert zwischen den bunten Blättern umher. Da macht es leise:* ***Patsch, patsch, patsch*** *und unzählige Eicheln kullern auf den Boden. Bevor der Fee noch eine auf den Kopf fällt, breitet sie ihre* ***Flügel*** *aus und fliegt zurück nach Hause. »Im Herbst ist es wunderschön!«, flüstert sie leise und macht die Augen zu. Und wer weiß? Vielleicht träumt sie vom magischen Herbstwald und all den wundersamen Dingen, die man dort entdecken kann.*

TANZ ab 2 Jahren

Feen-Tanz

MELODIE traditionell, »Wenn du glücklich bist, dann klatsche in die Hand«
TEXT Eva Danner

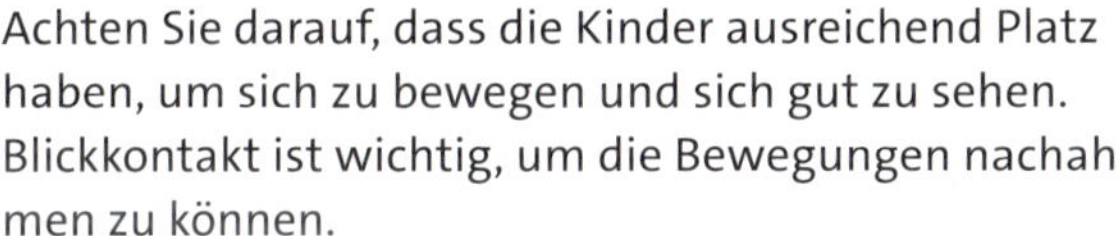

Achten Sie darauf, dass die Kinder ausreichend Platz haben, um sich zu bewegen und sich gut zu sehen. Blickkontakt ist wichtig, um die Bewegungen nachahmen zu können.

Material

Stecken Sie, wenn gewünscht, den Kindern bunte Chiffontücher an den Hosenbund, damit die Feen farbenfrohe Röckchen tragen, die sich beim Tanzen bewegen und hin und her schwingen. Stellen Sie eine Klangschale mit Klöppel bereit.

Durchführung

Die Kinder verteilen sich im Raum und führen die Bewegungen dem Text entsprechend aus. Machen Sie die Bewegungen vor und setzen Sie Ihre Stimme gezielt ein, damit die Kleinen beides nachahmen können.

Das lernen die Kinder

- Freude am Singen und sich Bewegen
- Gemeinschaftsgefühl wird gestärkt
- Sprachförderung
- Gegensätze kennenlernen wie laut und leise, hoch und tief oder dunkel und hell

Vertiefung

Bewahren Sie die bunten Tücher im Anschluss in einem Korb auf, den Sie den Kindern während der Freispielzeit zum Tanzen oder sich Verkleiden zur Verfügung stellen.

1. *Alle Feen fliegen fröhlich nun umher.*
   Fliegen mögen alle Feen nämlich sehr.
   Tanzen jetzt vergnügt im Kreise,
   sind nicht laut, sondern ganz leise.
   Ja, das Fliegen fällt den Feen gar nicht schwer.
   Kinder bewegen sich frei / tanzen und drehen sich im Kreis / setzen Sie bei »laut« und »leise« gezielt Ihre Stimme ein, in dem Sie laut und leise singen

2. *Alle Feen fliegen fröhlich nun umher.*
   Fliegen mögen alle Feen nämlich sehr.
   Sie fliegen hoch und fliegen tief,
   steh'n manchmal grade, manchmal schief.
   Ja, das Fliegen fällt den Feen gar nicht schwer.
   Kinder bewegen sich frei / auf Zehenspitzen stellen und Arme nach oben strecken / sich bücken und klein machen / gerade hinstellen / sich zur Seite neigen

Alle Feen fliegen fröhlich nun umher.
Fliegen mögen alle Feen nämlich sehr.
Sie fliegen langsam oder schnell,
wenn's dunkel ist oder schon hell.
Ja, das Fliegen fällt den Feen gar nicht schwer.
Kinder bewegen sich frei / schnell auf der Stelle laufen / langsam auf der Stelle laufen / Hände vor die Augen halten / Hände vor den Augen wegnehmen

3. *Alle Feen fliegen fröhlich nun umher.*
   Fliegen mögen alle Feen nämlich sehr.
   Sie wackeln mit dem Po – sieh an
   und jede hüpft, so gut sie kann.
   Ja, das Fliegen fällt den Feen gar nicht schwer.
   Kinder bewegen sich frei / mit dem Popo wackeln und hüpfen

4. *Alle Feen fliegen müde nun nach Haus.*
   Denn das schöne Lied, das ist nun leider aus.
   Die Feen legen sich zur Ruh'
   und machen ihre Augen zu.
   Alle Feen schlafen ein und das im Nu.
   Kinder bewegen sich frei / legen sich auf den Boden und machen die Augen zu / Schlagen Sie die Klangschale an und alle ruhen sich so lange aus, wie der Klang zu hören ist.

MUSIKALISCHES FINGERSPIEL ab 3 Jahren

Herbstzeit

MELODIE traditionell, »Zehn kleine Zappelmänner«
TEXT Eva Danner

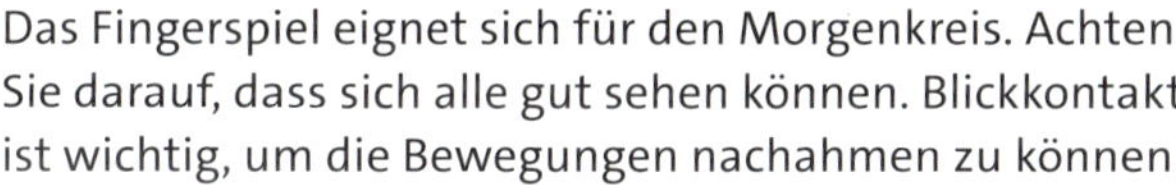

Das Fingerspiel eignet sich für den Morgenkreis. Achten Sie darauf, dass sich alle gut sehen können. Blickkontakt ist wichtig, um die Bewegungen nachahmen zu können.

Material

Sie benötigen weder Instrumente noch andere Materialien.

Durchführung

Die Kinder sitzen im Kreis.

Das lernen die Kinder

- Förderung der Mundmotorik
- Verbesserung der Auge-Hand-Koordination
- Sprachförderung und Begriffsbildung

Vertiefung

Sie können das Fingerspiel auch als Sprechvers gestalten.

Fachwissen

Als Mundmotorik bezeichnet man das Zusammenwirken von Mund, Zunge und Lippen, was ein essentieller Bestandteil des Sprechen ist. Durch gezielte, spielerische Übungen kann die Koordination und Beweglichkeit verbessert und die Sprachentwicklung der Kinder gefördert werden.

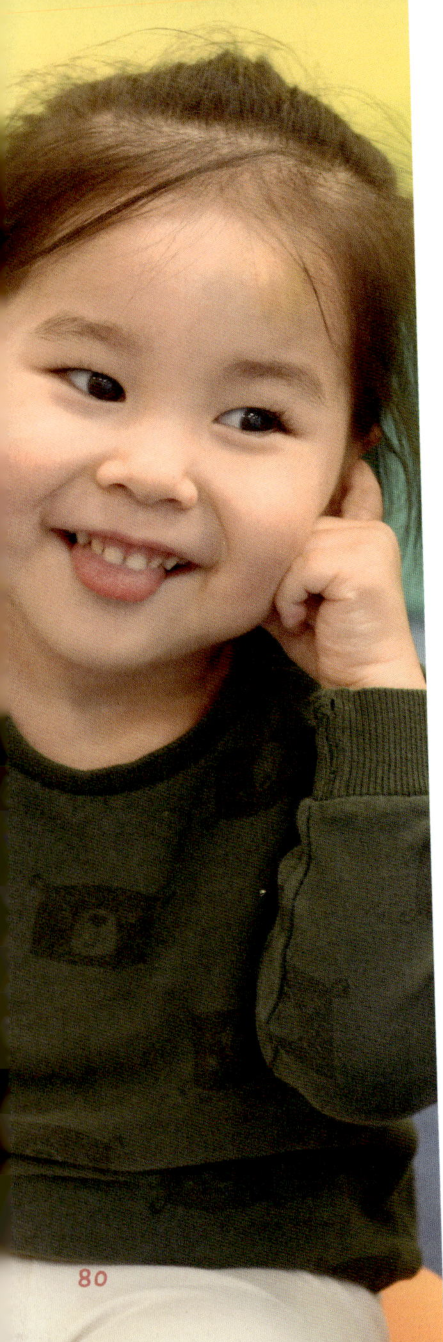

1. *Jetzt, wenn die Herbstzeit kommt,*
   dann weht ganz fest der Wind.
   Backen aufblasen und pusten

   Jetzt, wenn die Herbstzeit kommt,
   dann hörst du ihn, mein Kind.
   Hand hinter das Ohr halten

2. *Jetzt, wenn die Herbstzeit kommt,*
   dann fährt der Traktor raus.
   mit geschlossenen Lippen Brummlaute ausführen

   Jetzt, wenn die Herbstzeit kommt,
   laufen wir aus dem Haus.
   stampfen

3. *Jetzt, wenn die Herbstzeit kommt,*
   fliegen still und leise.
   mit geschlossenen Lippen den Strömungslaut »F«, »S« oder »Sch« ausführen

   Jetzt, wenn die Herbstzeit kommt,
   zieh'n die Drachen Kreise.
   Zeigefinger kreisförmig bewegen

4. *Jetzt, wenn die Herbstzeit kommt,*
   hüpfen wir in den Matsch.
   schmatzen

   Jetzt, wenn die Herbstzeit kommt,
   mit einem lauten Platsch.
   einmal fest auf die Oberschenkel patschen

5. *Jetzt, wenn die Herbstzeit kommt,*
   dann ist auch Martinstag.
   Zeigefinger in die Luft strecken

   Ich höre Pferdgetrappel, was ich
   gerne mag.
   mit der Zunge schnalzen

6. *Jetzt, wenn die Herbstzeit kommt,*
   dann gehn'n wir früh nach Haus.
   stampfen

   Es wird früh dunkel jetzt und unser
   Lied ist aus.
   Nase rümpfen

LIED ab 3 Jahren

Wir sitzen hier im Herbstwald

MELODIE traditionell, »Ein Männlein steht im Walde«
TEXT Eva Danner

Das Lied kann im Morgen- oder Singkreis gesungen werden. Achten Sie darauf, dass sich alle gut sehen können. Blickkontakt ist wichtig, damit die Kinder wissen, wann das jeweilige Instrument erklingt.

Material

Sie benötigen eine Rassel, ein Glöckchen, eine Ratsche, Zimbeln, eine Bongo, Klanghölzer, eine Kalimba und eine Triangel.

Durchführung

Die Kinder sitzen im Kreis. Verteilen Sie die Instrumente, die immer passend zur jeweiligen Strophe erklingen. Die Strophen können je nach vorhandenen Instrumenten ganz einfach angepasst werden.

Das lernen die Kinder

- Kennenlernen und Handhabung verschiedener Instrumente
- Freude am Singen und Musizieren
- Förderung der Sprachentwicklung
- Koordination

1. *Wir sitzen hier im Herbstwald, im Sonnenschein.*
   Und singen miteinander, ob Groß, ob Klein.
   Mit der Rassel in der Hand,
   klingt es schön im ganzen Land.
   Wir singen miteinander, ist das nicht fein?

2. *Wir sitzen hier im Herbstwald, im Sonnenschein.*
   Und singen miteinander, ob Groß, ob Klein.
   Mit dem Glöckchen in der Hand,
   klingt es schön im ganzen Land.
   Wir singen miteinander, ist das nicht fein?

3. *Wir sitzen hier im Herbstwald, im Sonnenschein.*
   Und singen miteinander, ob Groß, ob Klein.
   Mit der Ratsche in der Hand,
   klingt es schön im ganzen Land.
   Wir singen miteinander, ist das nicht fein?

4. *Wir sitzen hier im Herbstwald, im Sonnenschein.*
   Und singen miteinander, ob Groß, ob Klein.
   Mit den Zimbeln in der Hand,
   klingt es schön im ganzen Land.
   Wir singen miteinander, ist das nicht fein?

5. *Wir sitzen hier im Herbstwald, im Sonnenschein.*
   Und singen miteinander, ob Groß, ob Klein.
   Mit den Bongos in der Hand,
   klingt es schön im ganzen Land.
   Wir singen miteinander, ist das nicht fein?

6. *Wir sitzen hier im Herbstwald, im Sonnenschein.*
   Und singen miteinander, ob Groß, ob Klein.
   Mit Klanghölzern in der Hand,
   klingt es schön im ganzen Land.
   Wir singen miteinander, ist das nicht fein?

7. *Wir sitzen hier im Herbstwald, im Sonnenschein.*
   Und singen miteinander, ob Groß, ob Klein.
   Die Kalimba in der Hand,
   klingt so schön im ganzen Land.
   Wir singen miteinander, ist das nicht fein?

8. *Wir sitzen hier im Herbstwald, im Sonnenschein.*
   Und singen miteinander, ob Groß, ob Klein.
   Die Triangel in der Hand,
   klingt so schön im ganzen Land.
   Wir singen miteinander, ist das nicht fein?

Winter

MUSIKALISCHE GESCHICHTE ab 2 Jahren

Max und der Winter

Die Geschichte können Sie im Morgenkreis für die Kinder spielen.

Vorbereitung

Materialien für die Kulisse: Papa, Max (Püppchen), Schnee (weißes Tuch), Schneeflocken (Kunstschnee oder weiße Locherpunkte), Eiszapfen (Chenilledraht), Gartenmauer (graues Tuch oder passendes Utensil), Vögel (Papier), Reh (Papier), schwarze Papierbögen (Motive mit weißem Stift aufmalen: Schneemann, Haus, Tannenbaum und drei Figuren)

Instrumente: 1. Xylophon, 2. Handtrommel oder Tamburin / Triangel, 3. Klanghölzer / Glöckchen oder Schellenkranz, 4. Zweig zerbrechen, 5. Metallophon

Durchführung

Die Kinder sitzen nebeneinander vor der Kulisse, während Sie die Geschichte spielen.

Das lernen die Kinder

- Wissenswertes über den Winter und verschiedene Tiere
- Geräusche und Klänge werden mit dem Gehörten und Gesehenen verknüpft und in Verbindung gebracht
- Freude an Sprache und Klängen
- Konzentration

Vertiefung

- Lassen Sie die Instrumente im Anschluss für eine Weile im Gruppenraum, damit die Kinder diese jederzeit ausprobieren und damit musizieren können.
- Geben Sie den Kindern schwarze Papierbögen und weiße Farbe zum Malen oder machen Sie gemeinsam einen Winterspaziergang, wenn es draußen schneit.

Es ist früh am Morgen, als Papa und Max das Haus verlassen. Sie gehen in den Garten. In der Nacht hat es geschneit und alles liegt unter einer dicken Schneeschicht.

1. *Papa öffnet die Tür und die beiden laufen nach draußen. »Es ist alles weiß!«, ruft Max begeistert, als er den* **Schnee** *sieht. »Und bis heute Abend wird noch viel mehr Schnee fallen!«, sagt Papa und zeigt zum Himmel. Unzählige, weiße* ***Flöckchen*** *fallen herunter und bedecken die Erde. Auch auf Max' Nase bleiben die Schneeflocken liegen. »Uiiii! Der Schnee ist ziemlich kalt!«, sagt er und kichert.*

2. *Da entdeckt Max Eiszapfen, die an der Gartenmauer hängen. Er* ***stapft*** *durch den Schnee zur Mauer. Als er jedoch einen Zapfen berührt, macht es* ***Klirr*** *und er fällt zu Boden. »Hoppla!«, ruft Max. »Jetzt ist er kaputt!« »Das ist nicht schlimm!«, antwortet Papa. »Bis Morgen gibt es wieder neue Zapfen!«*

3. *Dann entdeckt Papa etwas. »Sieh mal!«, sagt er und zeigt auf die* **Vögel**, *die hungrig die Körner* ***picken****, die Max und Mama am Vortag ausgestreut haben. Die Vögel* ***singen*** *und piepsen aufgeregt.*

4. *Max hat Spuren im Schnee entdeckt. »Das war ein* **Reh!**«, *weiß Papa. »Schau, dort vorne am Waldrand steht es!« Max macht große Augen. Leider tritt er aus Versehen auf einen Zweig, der laut* ***knackt,*** *als er zerbricht. Sofort läuft das Reh in den Wald. »Oh!«, sagt Max enttäuscht. »Jetzt ist es weg!« »Aber wir haben jetzt zwei tolle Zweige, um Schneebilder zu malen!«, antwortet Papa und gibt Max einen davon.*

5. *Und dann malt Papa einen Schneemann in den Schnee. Und Max malt ein Haus und einen Tannenbaum. »Was ist das?«, fragt Max und betrachtet Papas neues Schneebild. »Das sind Mama, du und ich. Und wir lassen uns ein leckeres Frühstück schmecken!«, erklärt Papa und schmunzelt. »Oh, das ist toll. Ich habe inzwischen nämlich Hunger bekommen!«, sagt Max. »Ich auch. Von so viel frischer Winterluft wird man hungrig!«, antwortet Papa. Und gerade, als die beiden zurück ins Haus gehen wollen, scheint die* ***Sonne*** *und der Schnee im Garten glitzert und funkelt wie eine Kiste voller Gold. »Der Winter ist wunderschön!«, sagt Max. »Stimmt!«, antwortet Papa.*

BAUSTELLE

MUSIKALISCHES FINGERSPIEL ab 3 Jahren

Hörst du es?

Das Fingerspiel eignet sich für den Morgenkreis. Achten Sie darauf, dass sich alle gut sehen können. Blickkontakt ist wichtig, um die Bewegungen nachahmen zu können.

Material

Sie benötigen einen Schellenkranz, Klanghölzer und ein Xylophon.

Durchführung

Die Kinder sitzen im Kreis. Die Geräusche mit den Instrumenten führen Sie aus.

Das lernen die Kinder

- Wahrnehmen verschiedener Lautstärken
- Geräusche und Klänge werden mit dem Gehörten verknüpft und in Verbindung gebracht
- Freude an Sprache und Klängen
- Auge-Hand-Koordination
- Sprachförderung und Begriffsbildung
- Konzentration

Vertiefung

- Lassen Sie die Instrumente für eine Weile im Gruppenraum, damit die Kinder diese jederzeit ausprobieren und damit musizieren können.
- Basteln Sie aus Papier mit den Kindern einen Rentierkopf. Aus zwei Handabdrücken gestalten Sie das Geweih. Wenn gewünscht, befestigen Sie zusätzlich ein Glöckchen daran.

1. Der *Schellenkranz* erklingt
   Hörst du das? Hörst du das?
   Was kann denn das nur sein?
   Spitz' dein Ohr, hör' gut zu.
   Wer kommt im Sonnenschein?
   Hand hinter das Ohr halten / mit dem Zeigefinger an das Ohr deuten / Handflächen zeigen nach oben

2. *Klanghölzer* schlagen
   Trapp, trapp, trapp. Trapp, trapp, trapp.
   Ich hör' es ganz genau.
   Sieh mal hin, was ist das?
   Es ist ein Rentier, schau!
   Hand hinter das Ohr halten / Hand beschattet Augen / Hände oder Klanghölzer als Geweih rechts und links an den Kopf halten

3. Ein *Xylophon* erklingt
   Schnee fällt leis', Schnee fällt leis'
   auf die Erde nieder.
   Spitz' dein Ohr, hör' gut zu,
   Winterzeit ist wieder.
   Hände stellen Schneeflocken dar und bewegen sich von oben nach unten / Hand hinter das Ohr halten

4. *Klanghölzer* schlagen
   Trapp, trapp, trapp. Trapp, trapp, trapp.
   Ich hör' es ganz genau.
   Hand hinter das Ohr halten

   Klanghölzer schlagen
   (erst laut, dann immer leiser werden)
   Es ist laut, es ist leis'.
   Das Rentier geht jetzt, schau!
   Hand beschattet Augen

GUESS

LIED ab 3 Jahren

Tock, tock, tock

MELODIE traditionell, »Jingle Bells«
TEXT Eva Danner

Das Lied kann im Morgen- oder Singkreis gesungen werden. Achten Sie darauf, dass sich alle gut sehen können. Blickkontakt ist wichtig, damit die Kinder wissen, wann die Klanghölzer erklingen. Wenn Sie die Variante ausprobieren, benötigen Sie ausreichend Platz zum Tanzen und sich Bewegen.

Material

Verteilen Sie die Klanghölzer an die Kinder und demonstrieren Sie deren Handhabung.

Durchführung

Die Kinder sitzen im Kreis und halten in jeder Hand ein Klangholz, bei »Tock, tock, tock« dürfen sie zum Einsatz gebracht werden.

Das lernen die Kinder

- Kennenlernen und Handhabung von Klanghölzern
- Freude am Singen und an Bewegung
- Förderung der Sprachentwicklung
- Koordination

Vertiefung

Anstelle der Klanghölzer können Sie das Lied auch als Bewegungsspiel durchführen. Bei »Tock, tock, tock« klopfen die Kinder mit der Hand auf den Boden. Anschließend laufen sie umher und bei »Juchee« strecken sie die Arme nach oben. Danach darf nach Herzenslust getanzt und sich bewegt werden.

1. *Tock, tock, tock.*
   Tock, tock, tock.
   Wer klopft an der Tür?
   Es ist der kleine Wichtel
   und ich glaub', er will zu dir.

2. *Tock, tock, tock.*
   Tock, tock, tock.
   Wer klopft an der Tür?
   Es ist der kleine Wichtel
   und ich glaub', er will zu dir.

3. *Er stapft durch den Schnee*
   und ruft fröhlich laut: »Juche!«
   Horch, der Wichtel singt,
   ach, wie wunderschön das klingt.
   Singen ist der Hit. Tanzen hält dich fit.
   Und wenn dir dieses Lied gefällt,
   dann sing' und tanz' doch mit.

MUSIKALISCHE BEWEGUNGSIMPULSE ab 2 Jahren

Winterzeit

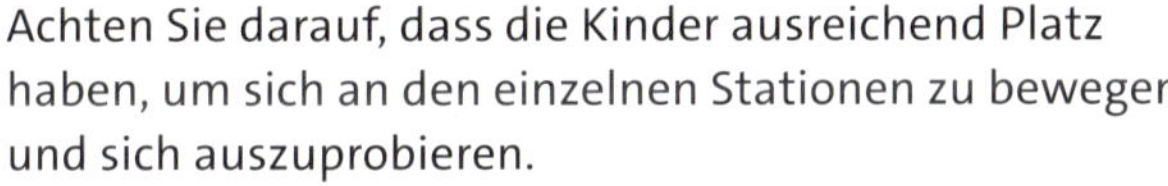

Achten Sie darauf, dass die Kinder ausreichend Platz haben, um sich an den einzelnen Stationen zu bewegen und sich auszuprobieren.

Material

Bauen Sie mit den genannten Materialien die Stationen auf.

Station Schneekugeln: Stellen Sie eine *Bank* auf, die den »Baumstamm« darstellt. Sichern Sie diese mit Matten als Fallschutz ab. Pusten Sie *weiße Luftballons* auf, verknoten Sie diese und binden Sie Glöckchen daran fest (alternativ können Sie auch pro Ballon ein *Glöckchen* hineinstecken, anschließend aufpusten und verknoten). Platzieren Sie auf einer Seite der Bank einen mit den *Luftballons* gefüllten *Korb*, auf der anderen Seite eine *Kiste*.

Station Eiszapfen: Befestigen Sie aus Papier oder Chenilledraht gebastelte *»Eiszapfen«* mit Wäscheklammern oben an einem *Kletternetz* oder *Picklerdreieck* und legen Sie *Matten* als Fallschutz darunter. Hängen Sie eine *Triangel* und einen *Stab* mit einer *Schnur* ebenfalls oben an das Kletternetz bzw. das Picklerdreieck.

Station Schlittenfahrt: Hängen Sie eine *Holzrutsche* in eine *Sprossenwand* oder das *Picklerdreieck* und sichern Sie alles mit *Matten* ab. Fixieren Sie eine *Glocke* (Kuhglocke / Schiffsglocke / Handglocke o. Ä) mit einer *Schnur* ebenfalls oben, neben der Rutsche.

Station Feuerholz: Stellen Sie *Schaumstoffelemente* als »Gartenzaun« nebeneinander, die es zu überwinden gilt. Platzieren Sie auf einer Seite einen mit *Schlägeln* (»Feuerholz«) gefüllten *Korb*, auf die andere Seite legen Sie ein *Tuch* und eine *Holzblocktrommel*.

Durchführung

Erzählen Sie, dass der Garten hinter dem Haus unter einer weißen Schneedecke liegt. Die Kinder können nun die Winterzeit in vollen Zügen genießen, indem sie Schneekugeln transportieren, mit dem Schlitten den Hügel hinunter sausen, Eiszapfen bestaunen und beim Sammeln von Feuerholz helfen, damit es auch drinnen warm und gemütlich ist. Erklären und demonstrieren Sie ihnen die einzelnen Bewegungsstationen.

Station Schneekugeln: Sagen Sie den Kindern, dass sie große, weiße Schneekugeln transportieren können, die wunderschön klingen. Schütteln Sie einen Ballon, damit die Kleinen das Geräusch hören. Balancieren Sie mit dem Ballon über die Bank und legen Sie ihn auf der anderen Seite in die Kiste.

Station Eiszapfen: Erzählen Sie, dass hoch oben am Haus viele Eiszapfen hängen. Klettern Sie am Netz bzw. dem Picklerdreieck hinauf, ziehen Sie an einem Zapfen und lassen Sie ihn herunterfallen. Schlagen Sie mit dem Stab die Triangel an und berichten Sie, dass die Eiszapfen beim Zerbrechen ein Geräusch machen. Klettern Sie wieder nach unten.

Station Schlittenfahrt: Sagen Sie den Kindern, dass sie nun mit dem Schlitten den Hügel hinunter sausen dürfen. Doch bevor man rutschen kann, muss man zuerst den Hügel erklimmen. Klettern Sie entweder an der Sprossenwand bzw. dem Picklerdreieck nach oben oder laufen Sie die Rutsche hinauf. Sobald Sie auf der Rutsche sitzen, lassen Sie die Glocke erklingen. Dies bedeutet: »Achtung! Alle mal zur Seite treten. Jetzt rodel ich los!«

Station Feuerholz: Erzählen Sie, dass alle mithelfen dürfen Feuerholz zu sammeln. Schließlich will man es warm und gemütlich im Winter haben. Um vom Garten zum Haus zu gelangen, muss allerdings ein Zaun überwunden werden. Nehmen Sie einen Schlägel aus dem Korb und steigen Sie über die Hindernisse. Berich-

ten Sie, dass das Holz, wenn es im Kamin brennt, laut knackt und lassen Sie die Trommel erklingen, damit die Kinder das Geräusch hören. Den Schlägel legen Sie, nach dem Anschlagen der Holzblocktrommel, auf das Tuch.

Nun dürfen die Kinder die einzelnen Stationen ausprobieren. Jedes entscheidet selbst, welche und wie oft er diese ausprobieren möchte.

Das lernen die Kinder

- Freude an Bewegung, Klängen und Musik
- Gleichgewicht und Körpergefühl werden verbessert
- Arm- und Beinmuskulatur wird trainiert
- Ausdauer und Kondition werden trainiert
- Koordination
- Sprachentwicklung
- Gemeinschaftsgefühl
- Kennenlernen und Handhabung von Instrumenten

Vertiefung

- Lassen Sie die Instrumente für eine Weile im Gruppenraum, damit die Kinder diese jederzeit ausprobieren und damit musizieren können.

MUSIKALISCHE MASSAGEGESCHICHTE ab 2 Jahren

Plätzchen backen

MELODIE traditionell, »In meinem kleinen Apfel«
TEXT Eva Danner

Wählen Sie einen etwas ruhigeren Platz in Ihrem Gruppenraum aus oder gehen Sie in den Bewegungsraum. Auch vor dem Mittagsschlaf, wenn die Kinder in ihren Betten liegen, eignet sich die Massagegeschichte gut.

Material

Sie benötigen eine weiche Matte oder Matratze.

Durchführung

Das Kind liegt entspannt auf dem Bauch. Während Sie die Massagegeschichte singen, führen Sie die entsprechenden Bewegungen aus. Ebenso können die Kinder in einer Gemeinschaftsaktion die Bewegungen gegenseitig bei sich ausführen.

Das lernen die Kinder

- Anregung der taktilen Wahrnehmung
- Körperwahrnehmung
- »zur Ruhe kommen« und Entspannung erfahren

Fachwissen

Bei solchen kurzen Massagegeschichten können die Kinder wunderbar zur Ruhe kommen und entspannen. Oft genießen die Kleinen diese besondere Zeit sehr.

1. *Wir backen heute Plätzchen*
   und machen jetzt den Teig
   mit uns'ren beiden Händen.
   Das Kneten braucht viel Zeit.
   den Rücken des Kindes mit den Händen sanft kneten und massieren

2. *Nun rollen wir den Teig aus,*
   ganz dünn und flach und schön.
   Und machen viele Plätzchen draus,
   du kannst diese hier seh'n.
   mit dem Unterarm über den Rücken des Kindes streichen / mit dem Finger verschiedene Formen auf den Rücken »malen«

3. *Sie werden noch gebacken,*
   im Ofen knusprig braun.
   Die Sterne haben Zacken
   und sind schön anzuschau'n.
   mit der flachen Hand über den Rücken des Kindes streichen / mit dem Finger Zacken »malen«

4. *Die Plätzchen sind nun fertig,*
   wir kommen jetzt zum Schluss.
   Verteilen viele Nüsse,
   auf unser'm Zuckerguss.
   mit dem Zeigefinger sanft auf verschiedene Stellen des Rückens drücken

TANZ ab 3 Jahren

Schneeflocken-Tanz

MELODIE traditionell, »Hänschen klein«
TEXT Eva Danner

Achten Sie darauf, dass die Kinder ausreichend Platz haben, um sich zu bewegen und sich außerdem gut sehen können. Blickkontakt ist wichtig, um die Bewegungen nachahmen zu können.

Material

Sie benötigen Schellenkränze und ggf. weiße Tücher als Schnee.

Durchführung

Die Kinder verteilen sich im Raum und jedes hält einen Schellenkranz in der Hand, der durch die Bewegungen und beim Tanzen erklingt.

Das lernen die Kinder

- Freude am Singen und sich Bewegen
- Gemeinschaftsgefühl wird gestärkt
- Sprachförderung
- Schulung der Motorik

Vertiefung

Bewahren Sie die Schellenkränze im Anschluss in einem Korb auf, den Sie den Kindern während der Freispielzeit zum Tanzen und / oder Musizieren zur Verfügung stellen.

1. *Winterzeit, ist soweit,*
   draußen hat es schon geschneit.
   Es ist weiß, Schnee und Eis. Und es ist ganz leis'.
   Hört ihr diesen schönen Ton?
   Vor dem Haus, da schneit es schon.
   Kommt, tanzt mit! Das hält fit! Tanzen ist der Hit!
   Arme bewegen sich als Schneeflocken von oben nach unten, wobei die Schellenkränze erklingen / tanzen

2. *Winterzeit, ist soweit, macht euch alle jetzt bereit.*
   Dreht euch stumm, rundherum, schnell im Kreis herum.
   Hört ihr diesen schönen Ton?
   Vor dem Haus, da schneit es schon.
   Kommt, tanzt mit! Das hält fit! Tanzen ist der Hit!
   sich im Kreis drehen / Arme bewegen sich als Schneeflocken von oben nach unten, wobei die Schellenkränze erklingen / tanzen

3. *Winterzeit, ist soweit, Winter ist die schönste Zeit.*
   Wackeln froh, mit dem Po. Schaut! Denn das geht so.
   Hört ihr diesen schönen Ton?
   Vor dem Haus, da schneit es schon.
   Kommt, tanzt mit! Das hält fit! Tanzen ist der Hit!
   mit dem Popo wackeln / Arme bewegen sich als Schneeflocken von oben nach unten, wobei die Schellenkränze erklingen / tanzen

Schlusswort

Ich hoffe, meine Ideen konnten sowohl Ihre Begeisterung für Musik wecken, als auch die Lust, gemeinsam mit den Kindern zu musizieren, zu singen, zu tanzen und sich zu bewegen.

In diesem Buch steckt ein ganzes Jahr mit musikalischen Erlebnissen und Erfahrungen für Sie und Ihre Gruppe. Ich hoffe, Sie haben beim Lesen bereits Lust auf die Umsetzung bekommen.

Geschichten, Lieder, Fingerspiele, Bewegungsimpulse und vieles mehr sind Bestandteile dieses Buches. Vieles wird Ihnen vertraut gewesen sein, einiges vermutlich neu. Die Praxisideen sind abwechslungsreich und vielseitig, die meisten ohne große Vorbereitungszeiten und damit unkompliziert in den Alltag integrierbar. Einfach eine Idee auswählen und loslegen! Gerne dürfen Sie Ihre eigenen Erfahrungen einfließen lassen und auch die Kinder mit ihren großartigen Ideen werden auf dieser Basis Ihren »musikalischen Alltag« bereichern.

Es ist mir ein großes Anliegen, dass viele Gelegenheiten genutzt werden, um schon bei den Kleinsten das Interesse an Musik zu wecken und sich vielfältig mit dem Thema auseinanderzusetzen.

Dies kann eigenständig im Freispiel (durch Ausprobieren und Experimentieren) geschehen, als auch in gezielten (angeleiteten) Aktionen. Wir Pädagog*inn nutzen oft die Jahreszeiten mit ihren inspirierenden Impulsen und so hatte ich Freude daran, Ihnen für jede der vier Jahreszeiten eine Auswahl an musikalischen Reisen, Klangerlebnissen und Sprechreimen zusammenzustellen.

Musik in all ihren Facetten ist toll und bereichert den Alltag von nahezu jedem Menschen, ob groß, ob klein. Seien Sie kreativ, schauen Sie hin, welche Wünsche und Bedürfnisse die Kinder haben und welches Materialangebot in Ihrer Einrichtung zum Musizieren einlädt.

Lassen Sie sich faszinieren von Klang und Ton, Rhythmus und Tempo, Lautstärke und Melodie. Sie werden feststellen, dass sich Ihre Begeisterung auf die Kinder überträgt und diese mit strahlenden Augen und echtem Interesse mit Ihnen auf musikalische Entdeckungsreise gehen.

Und nun freuen Sie sich auf ein Jahr voller musikalischer Augenblicke mit Ihren Kleinen. Ich wünsche Ihnen viel Spaß dabei!

Ihre Eva Danner

Die Autorin

Eva Danner wurde 1979 geboren und arbeitet als Erzieherin. Seit vielen Jahren ist sie als Autorin tätig und hat eine Vielzahl an Fachbüchern, Praxishilfen für die pädagogische Arbeit mit Kindern und diverse Kreativbücher veröffentlicht. Sie schreibt Kinder- und Bilderbücher und hat auch ein Kinderspiel entwickelt. In ihrer Freizeit liest sie selbst leidenschaftlich gerne und lernt die Welt beim Reisen kennen.

Danksagung

An dieser Stelle möchte mich bei den Erzieherinnen und Kindern der Klax Krippe Sonnenhaus in Berlin bedanken, die bei der Entstehung dieses Buches so tatkräftig mitgeholfen haben. Ein herzliches Dankeschön und ein großes Lob an alle großen und kleinen Mitwirkenden, die sich auf eine singende, klingende, musikalische Reise begeben und die Projekte umgesetzt haben.